本書の特色と使い方

教科書の学習進度にあわせて，授業・宿題・予習・復習などに使えます

教科書のほぼすべての単元を掲載しています。今，学習している内容にあわせて授業用プリントとして
お使いいただけます。また，宿題や予習や復習用プリントとしてもお使いいただけます。

本書をコピー・印刷して教科書の内容をくりかえし練習できます

計算問題などは型分けした問題をしっかり学習したあと，いろいろな型を混合して出題しているので，
学校での学習をくりかえし練習できます。
学校の先生方はコピーや印刷をして使えます。

「ふりかえり・たしかめ」や「まとめのテスト」で学習の定着をみることができます

「練習のページ」が終わったあと，「ふりかえり・たしかめ」や「まとめのテスト」をやってみましょう。
「ふりかえり・たしかめ」で，できなかったところは，もう一度「練習のページ」を復習しましょう。
「まとめのテスト」で，力だめしをしましょう。

「解答例」を参考に指導することができます

本書 p 84 ～「解答例」を掲載しております。まず，指導される方が問題を解き，本書の解答例も参考に
解答を作成してください。
児童の多様な解き方や考え方に沿って答え合わせをお願いいたします。

3年② 目　次

① 右の図を見て，（　　）にあてはまることばや数を書きましょう。

① 1つの点から長さが同じになるように
かいたまるい形を，（　　　　　）といいます。

② 真ん中の点アを，円の（　　　　　）と
いいます。

③ 真ん中の点から円のまわりまでひいた
直線イを，（　　　　　）といいます。

④ 真ん中の点を通るように，円のまわりから
まわりまでひいた直線ウを，（　　　　　）といいます。

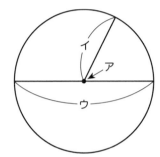

⑤ 直径の長さは，半径の（　　　　　）倍です。

⑥ 直径どうしは，円の（　　　　　）で交わります。

② 下の円の中にひいた直線で，いちばん長い直線は㋐〜㋒のどれですか。

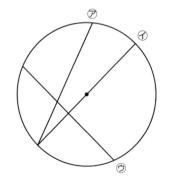

（　　　）

● 次の円の直径と半径はそれぞれ何 cm ですか。

① ②

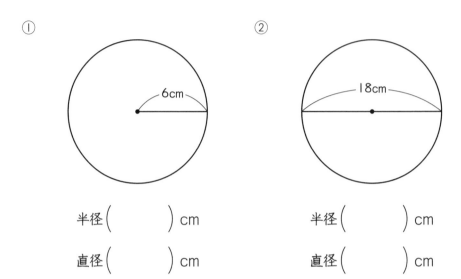

① 半径（　　　）cm

直径（　　　）cm

② 半径（　　　）cm

直径（　　　）cm

③ 半径 4cm5mm の円の直径

（　　　）cm

④ 直径 22cm の円の半径

（　　　）cm

⑤

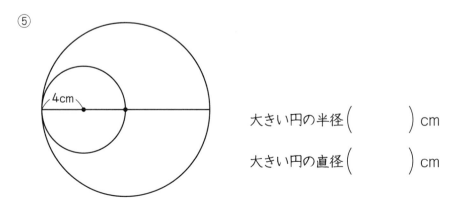

大きい円の半径（　　　）cm

大きい円の直径（　　　）cm

4

● コンパスを使って，次の円をかきましょう。

① 半径 2cm5mm の円

・

② 直径 8cm の円

> 直径 8cm なので，半径は 4cm だね。

・

● コンパスを使って，次のもようをかきましょう。

①

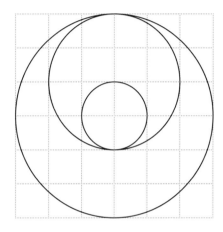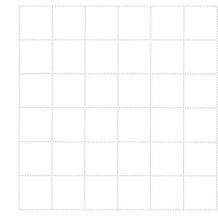

②

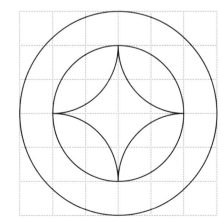

1　㋐の線と，㋑の直線は，どちらが長いですか。コンパスを使って，㋐の長さを㋑にうつしとって調べましょう。

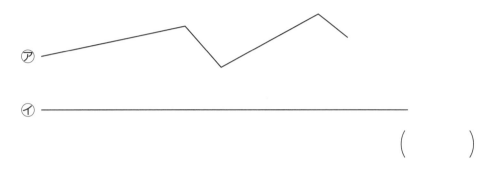

（　　　）

2　下の直線で，いちばん長いのはどれですか。コンパスを使って調べましょう。

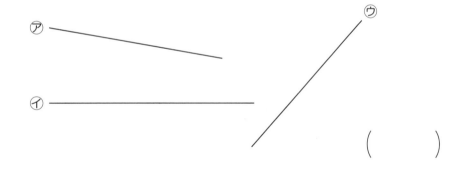

（　　　）

3　コンパスを使って，下の直線を 2cm ずつに区切りましょう。

●　下の地図は，あみさんの家の近所を表したものです。あみさんの家の近所の店について，コンパスで調べましょう。

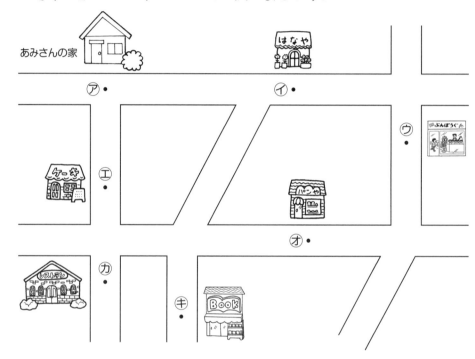

①　あみさんの家（㋐）からのきょりがいちばん長い店は，㋑〜㋖のどれですか。

（　　　）

②　あみさんの家（㋐）から同じきょりにある店は，㋑〜㋖のどれとどれですか。

（　　　）（　　　）

③　ケーキやさん（㋓）からも，パンやさん（㋔）からも，地図で 4cm のきょりにある店は，㋑，㋒，㋕，㋖のどれですか。

（　　　）

11 円と球
球

名前

① 球を切って，切り口を調べます。（　）にあてはまることばを書きましょう。

① 球のどこを切っても，切り口は（　　　　　　　）になります。

② 球の切り口は，（　　　　　　　）に切ったとき，いちばん大きくなります。

② 下の図は，球を真ん中で半分に切ったところです。ア，イ，ウの名前を（　）に書きましょう。

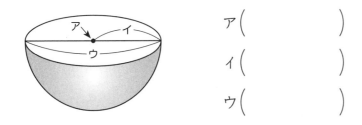

ア（　　　　　　）

イ（　　　　　　）

ウ（　　　　　　）

③ 右のように，半径6cmのボールが2こぴったり入っている箱があります。

① ボールの直径は，何cmですか。
（　　　　　　）cm

② 箱の横の長さは，何cmですか。
（　　　　　　）cm

③ 箱のたての長さは，何cmですか。
（　　　　　　）cm

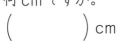
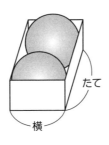

---

11 ふりかえり・たしかめ (1)
円と球

名前

① 右の図を見て，答えましょう。

① ア，イ，ウの名前を（　）に書きましょう。

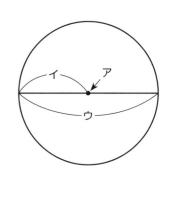

ア（　　　　　　）

イ（　　　　　　）

ウ（　　　　　　）

② イの長さが2cmのとき，ウの長さは何cmですか。
（　　　　　）cm

③ ウの長さが14cmのとき，イの長さは何cmですか。
（　　　　　）cm

② （　）にあてはまることばを書きましょう。

① どこから見ても円に見える形を（　　　　　　）といいます。

② 右の図のアを球の（　　　　　　），
イを（　　　　　　），ウを（　　　　　　）といいます。

③ 球を真上から見ると，（　　　　　　）に見えます。
また，真横から見ても，（　　　　　　）に見えます。

↑
球を半分に切った図

④ 半径が9cmの球の直径の長さは，（　　　　　　）cmです。

7

●コンパスを使って，次の円をかきましょう。

① 半径 3cm5mm の円

・

② 直径 6cm の円

・

1　下の㋐〜㋓の 4 つの三角形は直角三角形です。㋐と形も大きさも同じ直角三角形は，㋑〜㋓のどれですか。コンパスで辺の長さを調べて答えましょう。

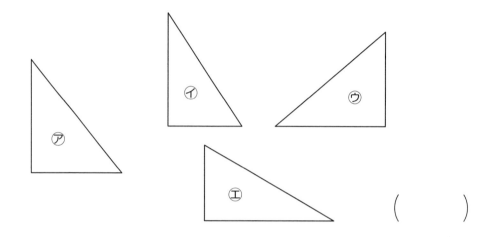

（　　　）

2　右のように，同じ大きさのボールが 8 こぴったり箱に入っています。箱の横の長さは 20cm です。

① ボールの直径は何 cm ですか。

式

答え＿＿＿＿＿＿＿＿

② 箱のたての長さは何 cm ですか。

式

答え＿＿＿＿＿＿＿＿

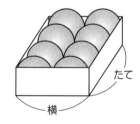

たて

横

名前

11 まとめのテスト
円と球

【知識・技能】

[1] 下の図を見て答えましょう。

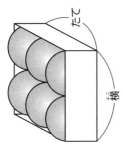 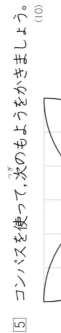
球を半分に切った図

① ア〜カの名前を書きましょう。(5×6)

ア（　　　）　イ（　　　）

ウ（　　　）　エ（　　　）

オ（　　　）　カ（　　　）

② ウの長さが8cmのとき、アの長さは何cmですか。(5)

（　　　）

③ 球の切り口は、どんな形ですか。(5)

（　　　）

[2] 直径4cmの円をかきましょう。(5)

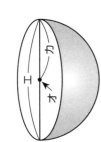

[3] ⑦と①の直線はどちらが長いですか。コンパスを使って調べましょう。(5)

⑦ _____

① _____

（　　　）

【思考・判断・表現】

[4] 下のように、半径8cmのボールが6こぴったり入っている箱があります。

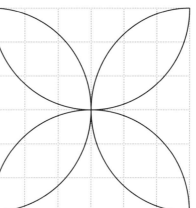
たて　横

① 箱のたての長さは何cmですか。(10×2)

式

答え _____

② 箱の横の長さは何cmですか。(10×2)

式

答え _____

[5] コンパスを使って、次のようなもようをかきましょう。(10)

12 小数
1 より小さい数の表し方（1）

● 水のかさは，何 L ですか。（　）にあてはまる数を書きましょう。

1L を 10 等分した 1 こ分のかさを，0.1L というね。

①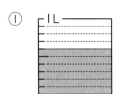

0.1L が（　　　）こ分で，

（　　　）L

②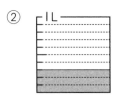

0.1L が（　　　）こ分で，

（　　　）L

③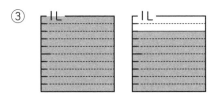

0.1L が（　　　）こ分で，

（　　　）L

④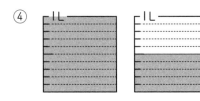

1L と（　　　）L で，

（　　　）L

⑤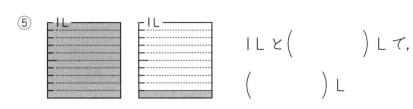

1L と（　　　）L で，

（　　　）L

---

12 小数
1 より小さい数の表し方（2）

① 水のかさだけ色をぬりましょう。

① 0.4L

② 1.7L

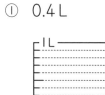 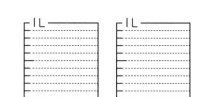

② （　）にあてはまる数を書きましょう。

① 0.1L を 8 こ集めたかさは（　　　　）L です。

② 0.1L を 10 こ集めたかさは（　　　　）L です。

③ 1dL =（　　　　）L

④ 2L 9dL =（　　　　）L

⑤ 3.6L =（　　　　）L（　　　　）dL

⑥ 0.3L =（　　　　）dL

1dL は，1L を 10 等分した 1 こ分のかさだね。

③ 次の㋐〜㋑の数を，整数と小数に分けましょう。

㋐ 5　㋑ 0.4　㋒ 8.3　㋓ 27　㋔ 1.9　㋕ 19

整数（　　　　　　　　　　　　　）小数（　　　　　　　　　）

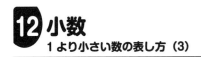
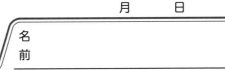

① 下のテープの長さは，何 cm ですか。

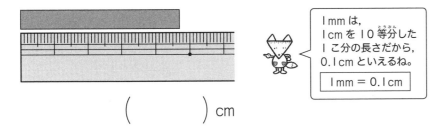

1mm は，
1cm を 10 等分した
1 こ分の長さだから，
0.1cm といえるね。

1mm = 0.1cm

(　　　　　) cm

② ★から⑦，①，⑨までの長さは，それぞれ何 cm ですか。

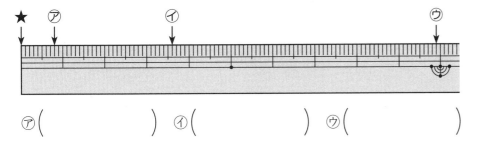

⑦ (　　　　　)　　① (　　　　　)　　⑨ (　　　　　)

③ (　　) にあてはまる数を書きましょう。

①　3mm = (　　　　　) cm

②　24cm8mm = (　　　　　) cm

③　6.9cm = (　　　　　) cm (　　　　　) mm

トライ ④　101mm = (　　　　　) cm

⑤　4.8cm は，0.1cm の (　　　　　) こ分

トライ ⑥　0.1cm が (　　　　　) こで，9cm

① 次の数直線の⑦〜⑨のめもりが表すかさは，それぞれ何 L ですか。また，①〜⑨のめもりが表す長さは，それぞれ何 cm ですか。

①
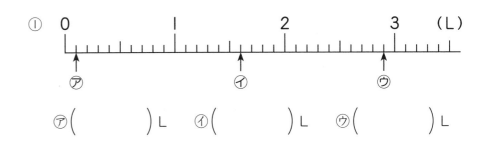

⑦ (　　　　　) L　　① (　　　　　) L　　⑨ (　　　　　) L

②
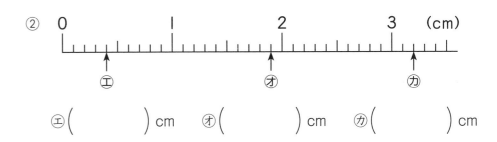

① (　　　　　) cm　　⑦ (　　　　　) cm　　⑨ (　　　　　) cm

② 次の⑦〜①の小数を表す数直線のめもりに，↑をかきましょう。

⑦ 0.2　　① 1.3　　⑨ 2.7　　① 3.1

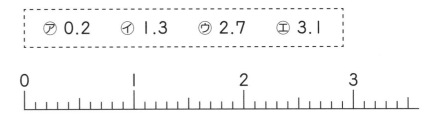

① 下の数直線を見て，（　）にあてはまる数を書きましょう。

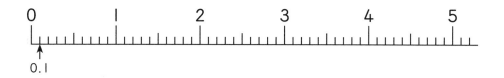

① 0.9 は，0.1 を（　　　　）こ集めた数です。

② 2 は，0.1 を（　　　　）こ集めた数です。

③ 2.8 は，0.1 を（　　　　）こ集めた数です。

④ 0.1 を 16 こ集めた数は（　　　　）です。

⑤ 0.1 を 34 こ集めた数は（　　　　）です。

数直線を使うとわかりやすいね。

② （　）にあてはまる数を書きましょう。

① 0.6L は，0.1L の（　　　　）こ分

② 5.7L は，0.1L の（　　　　）こ分

③ 1.2cm は，0.1cm の（　　　　）こ分

④ 3.6cm は，0.1cm の（　　　　）こ分

● 次の数について，（　）にあてはまる数を書きましょう。

① 164.7
164.7 は，100 を（　　　）こ，10 を（　　　）こ，1 を（　　　）こ，0.1 を（　　　）こあわせた数です。
164.7 の百の位の数字は（　　　），十の位の数字は（　　　），一の位の数字は（　　　），小数第一位の数字は（　　　）です。

② 215.3
215.3 は，100 を（　　　）こ，10 を（　　　）こ，1 を（　　　）こ，0.1 を（　　　）こあわせた数です。
215.3 の百の位の数字は（　　　），十の位の数字は（　　　），一の位の数字は（　　　），小数第一位の数字は（　　　）です。

③ 74.1
74.1 は，10 を（　　　）こ，1 を（　　　）こ，0.1 を（　　　）こあわせた数です。
74.1 の十の位の数字は（　　　），一の位の数字は（　　　），小数第一位の数字は（　　　）です。

④ 38.9
38.9 は，10 を（　　　）こ，1 を（　　　）こ，0.1 を（　　　）こあわせた数です。
38.9 の十の位の数字は（　　　），一の位の数字は（　　　），小数第一位の数字は（　　　）です。

12 小数
小数のしくみ (2)

月　日

名前

① 次の⑦〜オの数を数直線に↑で表し，小さいじゅんに（　）に記号を書きましょう。

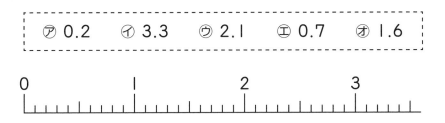

> ⑦ 0.2　　⑦ 3.3　　⑦ 2.1　　エ 0.7　　オ 1.6

```
0        1        2        3
|--------|--------|--------|
```

（　　）→（　　）→（　　）→（　　）→（　　）

② □にあてはまる不等号を書きましょう。

① 0 □ 0.1

② 0.3 □ 0.6

③ 1 □ 0.9

④ 6.2 □ 5.9

⑤ 2.1 □ 2

⑥ 8 □ 8.1

⑦ 0.4 □ 1.1

⑧ 7.2 □ 2.7

> 上の位から，同じ位どうしの数字の大きさをくらべてもいいね。

12 小数
小数のしくみとたし算，ひき算 (1)

月　日

名前

① お茶が，
水とうに 0.2 L，
ペットボトルに 0.4 L
入っています。

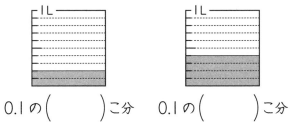

0.1の（　　）こ分　　0.1の（　　）こ分

① 上の図の（　　）にあてはまる数を書きましょう。

② お茶はあわせて何 L ありますか。

式

答え ＿＿＿＿＿＿＿＿＿＿

② 計算をしましょう。

① 0.3 + 0.5 =

② 0.6 + 1.2 =

③ 0.8 + 0.2 =

④ 1.5 + 0.4 =

⑤ 0.7 + 0.3 =

⑥ 2 + 0.9 =

⑦ 0.5 + 0.6 =

⑧ 0.4 + 0.7 =

トライ
③ ②，③，④の 3 まいのカードを，下の式にあてはめます。
　⑦にどのカードをあてはめると，答えがいちばん小さくなりますか。

> 0.□ + □.□　　（　　　）
> 　　　↑
> 　　　⑦

12 小数
小数のしくみとたし算, ひき算 (2)

名前

① 牛にゅうが 0.8L あります。
　そのうち, 0.2L 飲みました。
　牛にゅうは何 L のこっていますか。

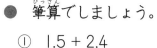

式

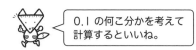 0.1 の何こ分かを考えて計算するといいね。

答え _____

② 計算をしましょう。

① 0.6 − 0.4 =

② 1.8 − 0.6 =

③ 1 − 0.5 =

④ 2 − 0.3 =

⑤ 2.4 − 2 =

⑥ 1.9 − 1 =

⑦ 1.2 − 0.8 =

⑧ 1.1 − 0.9 =

トライ
③ □にあてはまる等号, 不等号を書きましょう。

① 0.5 + 0.4 □ 0.3 + 0.8

② 1.4 − 0.7 □ 1.6 − 1

③ 1 + 0.1 □ 1.3 − 0.2

---

12 小数
小数のしくみとたし算, ひき算 (3)

名前

● 筆算でしましょう。

① 1.5 + 2.4

```
  1.5
+ 2.4
─────
  3.9
```

❶ 位をそろえて書く。
❷ 整数のたし算と同じように計算する。
❸ 上の小数点にそろえて, 答えの小数点をうつ。

② 2.3 + 3.2

③ 2.7 + 6.5

④ 4.4 + 4.7

⑤ 5.6 + 1.6

⑥ 1.8 + 2.8

⑦ 1.8 + 5.2

```
  1.8
+ 5.2
─────
  7.0
```

 小数第一位が 0 になったときは 0 を消すよ。

⑧ 5.6 + 1.4

⑨ 3.5 + 0.5

⑩ 6 + 1.7

```
  6.0
+ 1.7
─────
```

 6 は 6.0 と考えるといいね。

⑪ 6.7 + 5

⑫ 5.9 + 42

月　　日

12 小数
小数のしくみとたし算，ひき算 (4)

名前

① 5.8 − 2.4　② 6.3 − 4.1　③ 4.5 − 1.3　④ 7.2 − 3.4

⑤ 6.1 − 4.2　⑥ 5.4 − 1.7　⑦ 2.5 − 1.9

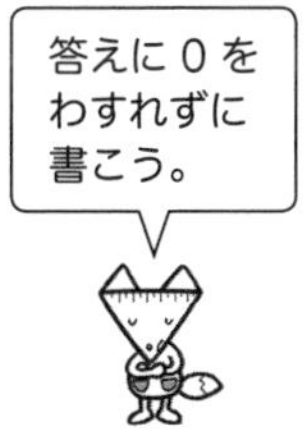

答えに０を
わすれずに
書こう。

⑧ 7.2 − 6.4　⑨ 4.6 − 3.8　⑩ 33 − 1.4

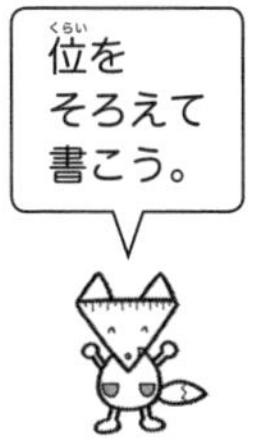

位をそろえて
書こう。

⑪ 15 − 1.5　⑫ 8.7 − 6

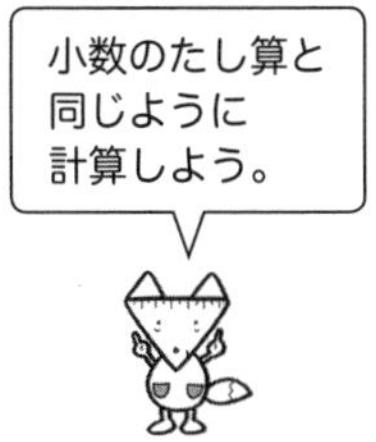

小数のたし算と
同じように
計算しよう。

月　　日

12 小数
小数のしくみとたし算，ひき算 (5)

名前

[1] 筆算(ひっさん)でしましょう。

① 3.6 + 5.8　② 4 + 2.5　③ 6.3 + 1.6　④ 5.4 + 2.6

⑤ 4.8 − 1　⑥ 55 − 4.6　⑦ 7.8 − 6.2　⑧ 2.2 − 1.8

[2] 次(つぎ)の筆算で，正しいものには○を，まちがっているものには正しい答えを（　　）に書きましょう。

①

	3.	6
+	2.	5
	6	1

（　　　）

②

		4
+	3.	9
	4.	3

（　　　）

③

	5	6	
−		4.	2
	5	1.	8

（　　　）

④

	6	3
−	4.	5
	1	8

（　　　）

12 小数
小数のいろいろな見方

名前

12 ふりかえり・たしかめ (1)
小数

名前

---

① 6.7はどのような数ですか。（　　）にあてはまる数を書きましょう。

① 6.7は, 6と（　　　　）をあわせた数です。

② 6.7は, 1を（　　　　）ことと 0.1を（　　　　）こあわせた数です。

③ 6.7は, 0.1を（　　　　）こ集めた数です。

④ 6.7 = 6 +（　　　　）

いろいろな見方ができるね。

⑤ 6.7 = 7 −（　　　　）

② 8はどのような数ですか。（　　）にあてはまる数を書きましょう。

① 8は, 0.1を（　　　　）こ集めた数です。

② 8は, 4.5と（　　　　）をあわせた数です。

③ 8は, 7.7より（　　　　）大きい数です。

④ 8は, 9.2より（　　　　）小さい数です。

---

① 4.5 + 2.9　② 1.8 + 7　③ 2.3 + 4.6　④ 5 + 4.2

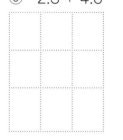

⑤ 1.6 + 3.4　⑥ 2.1 + 23　⑦ 3.5 + 1.6　⑧ 4.8 + 2.2

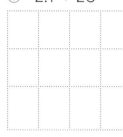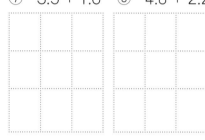

⑨ 5.4 − 4.6　⑩ 22 − 2.6　⑪ 3.6 − 2　⑫ 8.3 − 2.1

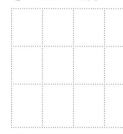

⑬ 7.1 − 3.5　⑭ 6.2 − 5.8　⑮ 13 − 2.1　⑯ 4.3 − 1.8

① ⑦の水のかさは何 L ですか。また, ④のテープの長さは何 cm ですか。

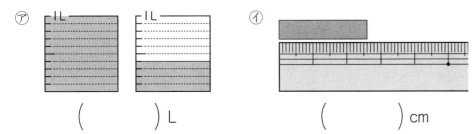

⑦ （　　　　）L

④ （　　　　）cm

② 次の数直線を見て答えましょう。

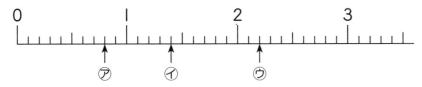

① ⑦〜⑦のめもりが表す数を書きましょう。

⑦（　　　　）④（　　　　）⑦（　　　　）

② ⑦〜⑦は，それぞれ 0.1 を何こ集めた数ですか。

⑦（　　　　）④（　　　　）⑦（　　　　）

③ ⑤ (0.3)，⑦ (3.4) を表すめもりに↑をかきましょう。

③ （　）にあてはまる数を書きましょう。

① 3L 2dL ＝（　　　　）L　　② 0.2L ＝（　　　　）dL

③ 7mm ＝（　　　　）cm

④ 1.8cm ＝（　　　　）cm（　　　　）mm

① 次の数を書きましょう。

① 5 と 0.8 をあわせた数　　（　　　　）

② 8 より 0.7 小さい数　　（　　　　）

③ 1 を 2 こと, 0.1 を 9 こあわせた数　　（　　　　）

④ 0.1 を 64 こ集めた数　　（　　　　）

② □にあてはまる不等号を書きましょう。

① 0.5 □ 0.4　　② 3 □ 2.9

③ 0.9 □ 1.1　　④ 2 □ 2.1

③ 赤いリボンの長さは 6.3m, 青いリボンの長さは 2.8m です。

① 2本のリボンをあわせると, 全部で何 m になりますか。

式

答え＿＿＿＿＿＿＿＿

② 2本のリボンの長さのちがいは, 何 m ですか。

式

答え＿＿＿＿＿＿＿＿

12 まとめのテスト　小数

[知識・技能]

① 次の水のかさは何 L ですか。(3×2)

①
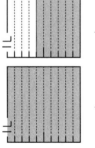
（　　　）L

②
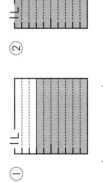
（　　　）L

② 下の数直線の⑦～⑦のめもりが表す数を書きましょう。(3×3)

⑦（　　　）　①（　　　）　⑦（　　　）

③ （　）にあてはまる数を書きましょう。(3×3)

① 4.7は、0.1を（　　　）こ集めた数です。

② 4.7は、1を（　　　）こと、0.1を（　　　）こあわせた数です。

④ □にあてはまる不等号を書きましょう。(5×4)

① 0.8 □ 0.2　　② 0.6 □ 1.5

⑤ 筆算でしましょう。(5×4)

① 1.9 + 3.3　　② 0.1 + 2

③ 7.7 − 4.8　　④ 1 − 0.5

[思考・判断・表現]

⑥ 家から学校までの道のりは 1.3km、家から図書館までの道のりは 0.6km です。

① 家から学校までの道のりと、家から図書館までの道のりは、どちらが何km遠いですか。(5×2)

式

答え

② 学校から家に帰って、図書館へ行くと、道のりはあわせて何km になりますか。(5×2)

式

答え

⑦ ジュースが、びんに 0.8L、コップに 0.2L 入っています。

① あわせて何 L ありますか。(5×2)

式

答え

② ちがいは何 L ですか。(5×2)

式

答え

⑧ 毛糸が 2.5m あります。2m 使うと、のこりは何 m になりますか。(5×2)

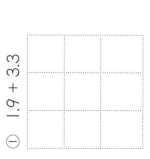

式

答え

1 重さのたんい, g（グラム）を書く練習をしましょう。

2 1円玉1このこの重さは1gです。次のものの重さをgで表しましょう。

① えんぴつ

1円玉4こつりあう
（　　　　　）

② 消しゴム

1円玉14こつりあう
（　　　　　）

③ はさみ

1円玉38こつりあう
（　　　　　）

④ いちご

1円玉20こつりあう
（　　　　　）

1 りんごの重さを, はかりを使って調べました。

① 左のはかりでは, 何gまではかれますか。
（　　　　　）

② いちばん小さい1めもりは, 何gを表していますか。
（　　　　　）

③ りんごの重さは何gですか。
（　　　　　）

2 次の重さを表すめもりに, はりをかきましょう。

① パイナップル930g

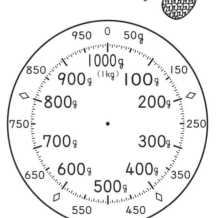

② ブロッコリー320g

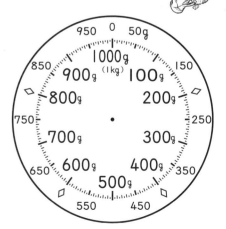

● はりのさしている重さは何 g ですか。

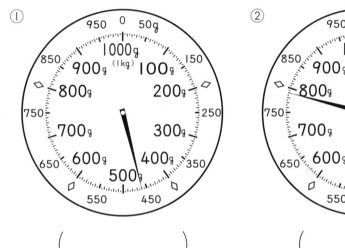

① （　　　　　）

② （　　　　　）

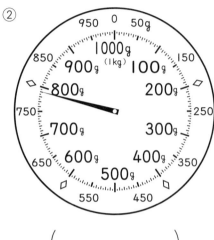

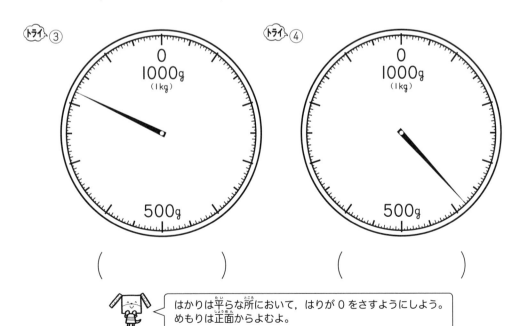

トライ③ （　　　　　）

トライ④ （　　　　　）

はかりは平らな所において，はりが 0 をさすようにしよう。
めもりは正面からよむよ。

1 重いものの重さを表すたんい，kg(キログラム)を書く練習をしましょう。

①→ ②↘ ③↘ 1kg　2kg　3kg　4kg

1kg = 1000g

2 メロンの重さを調べました。

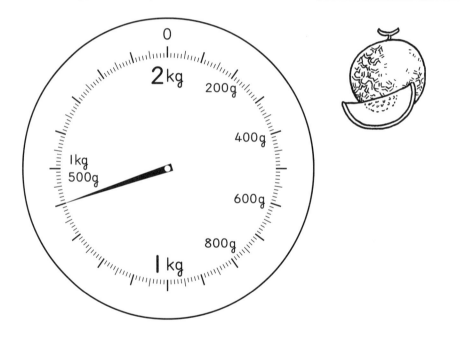

① 上のはかりでは，何 g まではかれますか。（　　　　　　　）

② メロンの重さは何 kg 何 g ですか。また，何 g ですか。

（　　）kg（　　　　）g,（　　　　　）g

13 重さのたんいとはかり方
はかりの使い方（4）

● はりのさしている重さは何kg何gですか。また，何gですか。

①

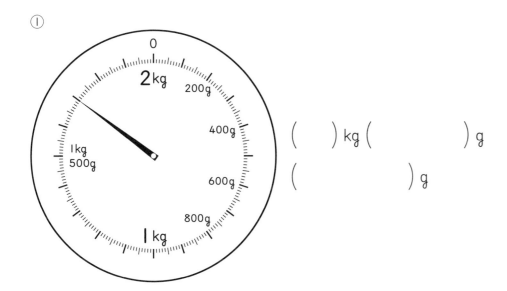

(　　　) kg (　　　) g

(　　　　　　　) g

②

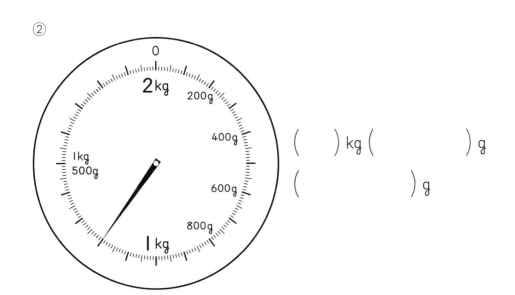

(　　　) kg (　　　) g

(　　　　　　　) g

---

13 重さのたんいとはかり方
はかりの使い方（5）

● 次の重さを表すめもりに，はりをかきましょう。

① 800g

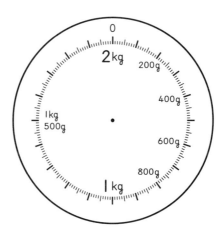

② 1100g

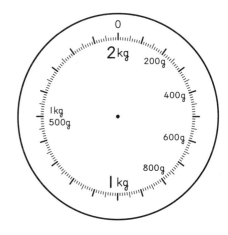

③ 1kg900g

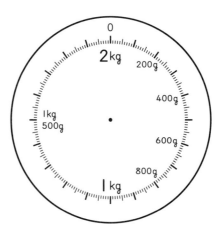

④ 1kg550g

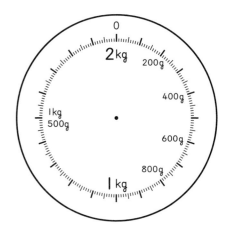

21

① （　）にあてはまる数を書きましょう。

① 3kg = （　　　　　　）g

② 1kg200g = （　　　　　　）g

③ 2kg80g = （　　　　　　）g ←

kg		g
2	0	8	0

④ 5kg790g = （　　　　　　）g

⑤ 4kg186g = （　　　　　　）g

⑥ 6000g = （　　　）kg

⑦ 3400g = （　　　）kg（　　　　　　）g

⑧ 4010g = （　　　）kg（　　　　　　）g

⑨ 2360g = （　　　）kg（　　　　　　）g

⑩ 5009g = （　　　）kg（　　　　　　）g

② ㋐～㋔の重さについて答えましょう。

㋐ 3100g　　㋑ 2kg99g　　㋒ 3kg10g
㋓ 1kg900g　　㋔ 2800g

① 重いじゅんに（　）に記号を書きましょう。

（　　　）→（　　　）→（　　　）→（　　　）→（　　　）

② 3kgにいちばん近いのはどれですか。（　　　）

① 重さ300gのかごに，じゃがいもを1kg500g入れます。
全体の重さは何kg何gになりますか。また，それは何gですか。

式　（　　　　　）g + （　）kg（　　　　　）g

= （　　　）kg（　　　　　）g

答え（　　　）kg（　　　　　）g，（　　　　　）g

② 1kg200gのランドセルに，教科書やノートを入れて重さをはかると，4kg800gになりました。教科書やノートの重さは何kg何gですか。また，何gですか。

式

答え（　　　）kg（　　　　　）g，（　　　　　）g

③ 計算をしましょう。

① 1kg800g + 200g =

② 35kg700g - 28kg300g =

重さのたし算やひき算も，同じたんいの数どうしをたしたりひいたりすればいいね。

22

① 入れ物に，さとうを 1kg700g 入れると，全体の重さが 2kg になりました。入れ物の重さは何 g ですか。

式

答え _____

② ひろきさんが弟を負ぶって体重をはかったら，46kg でした。弟の体重は，17kg です。ひろきさんの体重は何 kg ですか。

式

答え _____

③ 重さ 400g の箱に，くだものを 3kg300g 入れます。全体の重さは何 kg 何 g になりますか。また，それは何 g ですか。

式

答え (____)kg(____)g, (____)g

① とても重いものの重さを表すたんい，t（トン）を書く練習をしましょう。

1t 2t 3t 4t | 1t＝1000kg |

② 次の重さを，（ ）の中のたんいで表しましょう。

① 車 2000kg（t） ② バス 15000kg（t）

(____) (____)

③ クジラの赤ちゃん 1500kg（t, kg）

(____)

③ （ ）にあてはまる数を書きましょう。

① 2t ＝(____)kg

② 3t700kg ＝(____)kg

③ 5t10kg ＝(____)kg

④ 4000kg ＝(____)t

⑤ 1600kg ＝(____)t(____)kg

1　（　）にあてはまる数を書きましょう。

① 1km＝（　　　　　　　）m　② 1kg＝（　　　　　　　）g

③ 1m＝（　　　　　　　）mm　④ 1L＝（　　　　　　　）mL

2　（　）にあてはまる数を書きましょう。

① （　　　　　　　）倍　　② （　　　　　　　）倍

③ （　　　　　　　）倍　　④ （　　　　　　　）倍

④ 1cm → 1m　　1mL → 1L

⑤ （　　　　　　　）倍　　⑥ （　　　　　　　）倍

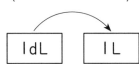 

1dL → 1L　　1m → 1km

1　右のはかりを見て答えましょう。

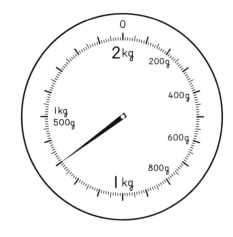

① 何kgまではかることが
できますか。
（　　　　　　　）

② いちばん小さい1めもりは，
何gを表していますか。
（　　　　　　　）

③ はりのさしている重さは
何kg何gですか。
また，何gですか。
（　　　）kg（　　　　　　　）g, （　　　　　　　）g

④ 1kg750gの重さを表すめもりに，はりをかきましょう。

2　（　）にあてはまる数を書きましょう。

① 3kg100g＝（　　　　　　　）g

② 5kg20g＝（　　　　　　　）g

③ 4600g＝（　　　）kg（　　　　　　　）g

④ 1090g＝（　　　）kg（　　　　　　　）g

⑤ 6t＝（　　　　　　　）kg

⑥ 2t50kg＝（　　　　　　　）kg

13 ふりかえり・たしかめ (2)
重さのたんいとはかり方

名前

1 中身の重さが 280g のジャムがあります。全体の重さを
はかると，530g でした。入れ物の重さは何 g ですか。

式

答え ＿＿＿＿＿＿＿＿

2 重さ 500g のかごに，くりを 1kg200g 入れます。全体の重さ
は何 kg 何 g になりますか。また，それは何 g ですか。

式

答え （　　　）kg（　　　　）g,（　　　　　）g

3 （　）にあてはまる，重さのたんい (g, kg, t) を書きましょう。

① 赤ちゃんの体重　　　　3（　　）

② いちご1パックの重さ　300（　　）

③ カバの体重　　　　　　3（　　）

---

13 チャレンジ
重さのたんいとはかり方

名前

● てんびんは，左右の重さが同じとき，つり合います。
てんびんと，下の 5 このおもりを使って，ふくろに入っているしお
の重さを調べましょう。

㋐　　㋑　　㋒　　㋓　　㋔
1g　　2g　　4g　　8g　　16g

① 下のようにおもりを使ったら，てんびんがつり合いました。
しおの重さは何 g ですか。

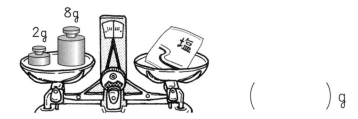

（　　　　　）g

② 下のてんびんがつり合うようにするには，おもりをどのように組み
合わせて使うとよいですか。㋐～㋔からえらんで書きましょう。

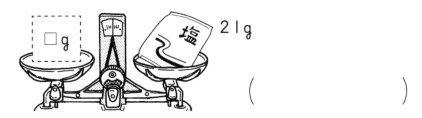

□ g　　　塩　21g

（　　　　　）

③ ㋐～㋔の 5 つのおもりで，何 g まではかれますか。

（　　　　　）

名前

月　日

[知識・技能]

① はりのさしている重さを（　）に書きましょう。(5×3)

①

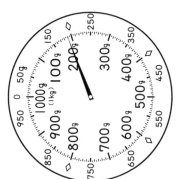

（　　　　　）g

②

（　　）kg（　　）g

（　　　　）g

（　　　　）kg

② （　　）にあてはまる数を書きましょう。(5×4)

① 5kg =（　　　　）g

② 2kg40g =（　　　　）g

③ 3600g =（　　）kg（　　）g

④ 1800kg =（　　）t（　　）kg

③ （　）にあてはまる、重さのたんい (g, kg, t) を書きましょう。(5×3)

① 国語じてん1さつの重さ　900（　　）

② トラック1台の重さ　8（　　）

③ 自転車1台の重さ　10（　　）

[思考・判断・表現]

④ あおきさんの体重は27kg600gです。ねこをだいてはかったら、31kg800gになりました。ねこの体重は何kg何gですか。(5×3)

式

答え

⑤ かんづめの重さをはかると、670gでした。中身の重さは590gです。かんの重さは何gですか。(5×2)

式

答え

⑥ 重さ450gのリュックに、なしを2kg100g入れました。リュックの重さは何kg何gになりましたか。また、それは何gですか。(5×3)

式

答え

⑦ 200gのおさらに、ポテトサラダを入れてはかると、550gになりました。ポテトサラダを何g入れましたか。(5×2)

式

答え

14 分数
等分した長さやかさの表し方 (1)

1　色をぬったところの長さは，何 m ですか。

①

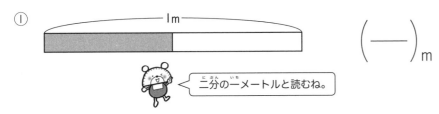

$\left(\dfrac{\quad}{\quad}\right)$ m

二分の一メートルと読むね。

②

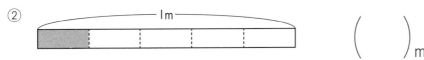

$\left(\quad\right)$ m

③

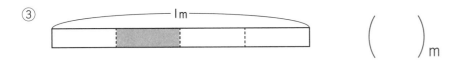

$\left(\quad\right)$ m

2　色をぬったところの長さが，$\dfrac{1}{3}$ m になっているのはどれですか。

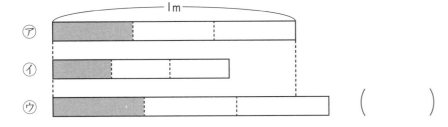

ア

イ

ウ

$\left(\qquad\right)$

3　（　）にあてはまる数を書きましょう。

①　$\dfrac{1}{4}$ m の $\left(\qquad\right)$ こ分の長さは 1 m

②　$\dfrac{1}{7}$ m は，1 m を $\left(\qquad\right)$ 等分した 1 こ分の長さ

---

14 分数
等分した長さやかさの表し方 (2)

1　▨は，何 m ですか。また，色をぬったところの長さは，
▨の何こ分の長さで，何 m といえばよいでしょうか。

①

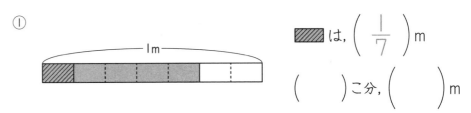

▨は，$\left(\dfrac{1}{7}\right)$ m

$\left(\qquad\right)$ こ分，$\left(\qquad\right)$ m

②

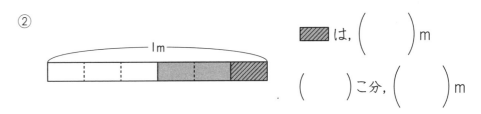

▨は，$\left(\qquad\right)$ m

$\left(\qquad\right)$ こ分，$\left(\qquad\right)$ m

③

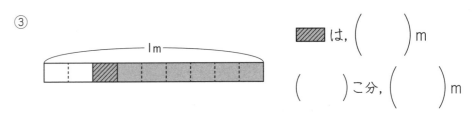

▨は，$\left(\qquad\right)$ m

$\left(\qquad\right)$ こ分，$\left(\qquad\right)$ m

2　次の長さの分だけ，左から色をぬりましょう。

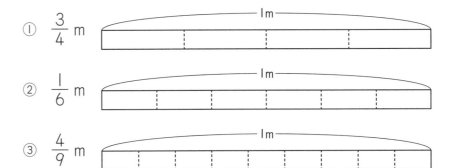

①　$\dfrac{3}{4}$ m

②　$\dfrac{1}{6}$ m

③　$\dfrac{4}{9}$ m

① 次の１Ｌますの１めもりは，それぞれ何Ｌを表していますか。また，それぞれの水のかさは，１めもりのかさの何こ分で，何Ｌですか。

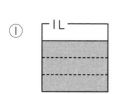
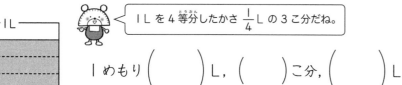

１Ｌを４等分したかさ $\frac{1}{4}$ Ｌの３こ分だね。

① １めもり （　　　）Ｌ，（　　　）こ分，（　　　）Ｌ

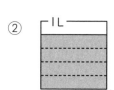

② １めもり （　　　）Ｌ，（　　　）こ分，（　　　）Ｌ

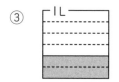

③ １めもり （　　　）Ｌ，（　　　）こ分，（　　　）Ｌ

② $\frac{1}{8}$ Ｌの５こ分だけ色をぬります。㋐，㋑のどちらのますを使うかえらび，えらんだますに色をぬりましょう。また，色をぬったところのかさは何Ｌですか。

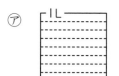
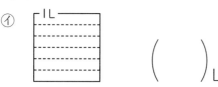

（　　　）Ｌ

③ 次の分数の分母，分子は，それぞれいくつですか。

① $\frac{2}{3}$　　分母（　　　）　　分子（　　　）

② $\frac{3}{5}$　　分母（　　　）　　分子（　　　）

● 下の数直線を見て答えましょう。

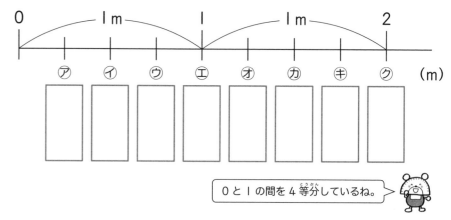

０と１の間を４等分しているね。

① ㋐～㋒にあてはまる分数を書きましょう。

② $\frac{3}{4}$ ｍと $\frac{1}{4}$ ｍの長さのちがいは，１めもりの何こ分で，何ｍですか。　（　　　）こ分，（　　　）ｍ

③ １ｍと同じ長さの分数は何ですか。　１ｍ＝（　　　）ｍ

④ ㋖は，$\frac{1}{4}$ ｍの何こ分ですか。　（　　　）こ分

⑤ $\frac{1}{4}$ ｍの８こ分の長さは，何ｍですか。分数と整数でそれぞれ書きましょう。　分数（　　　）ｍ，整数（　　　）ｍ

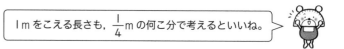

１ｍをこえる長さも，$\frac{1}{4}$ ｍの何こ分で考えるといいね。

28

1　⑦〜㋜のめもりが表す長さは，それぞれ何mですか。

①

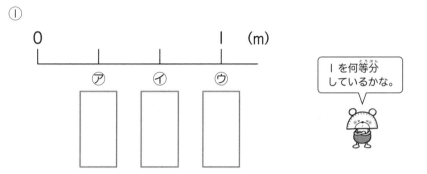

0 ⑦ ⑦ ⑦ 1 (m)

1を何等分
しているかな。

②

0 ㋜ ㋚ ㋛ ㋜ ㋝ ㋞ ㋟ ㋠ ㋡ ㋢ 2 (m)

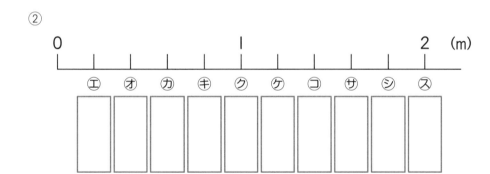

トライ
2　下の数直線の0と1，1と2の間をそれぞれ等分するめもりをかき，
⑦ $\frac{2}{5}$ m，⑦ $\frac{8}{5}$ m の長さを表すめもりに↑を書きましょう。

0　　　　　　1　　　　　2 (m)

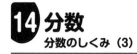

1　色をぬったところの長さが $\frac{4}{6}$ mになっているテープは，⑦と⑦
のどちらですか。（　　）にあてはまる数を書きましょう。

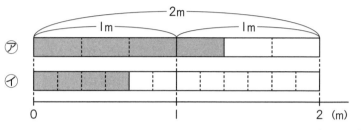

2m
1m　　1m
⑦
⑦
0　　　　　　1　　　　　2 (m)

⑦のテープの，色をぬったところの長さは，1mを（　　　）等分した
1こ分の長さ（　　　）mの4こ分の長さなので，（　　　）m

⑦のテープの，色をぬったところの長さは，1mを（　　　）等分した
1こ分の長さ（　　　）mの4こ分の長さなので，（　　　）m

答えは，（　　　　）です。

⑦のテープの，色をぬったところの長さは，
2mの $\frac{4}{6}$ の長さだけど，$\frac{4}{6}$ mではないね。

2　色をぬったところの長さは，何mですか。分数で表しましょう。

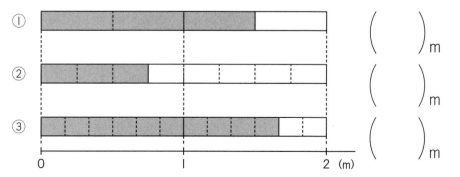

① （　　　）m

② （　　　）m

③ （　　　）m

0　　　　　　1　　　　　2 (m)

① 下の数直線の□には分数で，□には小数で，それぞれあてはまる
　数を書きましょう。

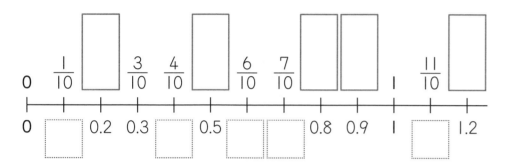

$$\frac{1}{10} \quad \frac{3}{10} \quad \frac{4}{10} \quad \frac{6}{10} \quad \frac{7}{10} \quad 1 \quad \frac{11}{10}$$

0 ── 0.2　0.3 ── 0.5 ── ── 0.8　0.9　1 ── 1.2

② （　）にあてはまる小数や分数を書きましょう。

① 0.1 = （　　　）　　　② 0.6 = （　　　）

③ $\frac{5}{10}$ = （　　　）　　　④ $\frac{9}{10}$ = （　　　）

③ □にあてはまる等号や不等号を書きましょう。

① $\frac{11}{10}$ □ 1　　　② 0.2 □ $\frac{2}{10}$

③ $\frac{13}{10}$ □ 0.3　　　④ $\frac{4}{10}$ □ 0.7

0.8
↑　↑　↑
一　小　$\frac{1}{10}$（小数第一位）
の　数　の
位　点　位

小数第一位のことを，
$\frac{1}{10}$の位ともいうよ。

---

① $\frac{3}{6} + \frac{2}{6}$ の計算をします。（　　）にあてはまる数を書きましょう。

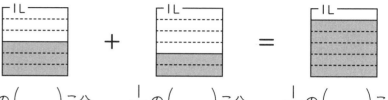

$\frac{1}{6}$ の（　　）こ分　　$\frac{1}{6}$ の（　　）こ分　　$\frac{1}{6}$ の（　　）こ分

$\frac{1}{6}$ をもとにすると，（　　）+（　　）=（　　）

だから，$\frac{1}{6}$ が（　　）こで，$\frac{3}{6} + \frac{2}{6}$ =（　　）

② オレンジジュースが $\frac{4}{7}$L，りんごジュースが $\frac{3}{7}$L あります。
　ジュースは，あわせて何 L ありますか。

式 （──）+（──）=（──）=（──）

分母と分子の数が同じ分数は，
1 と同じ大きさだね。

答え ＿＿＿＿＿＿＿

③ 計算をしましょう。

① $\frac{2}{5} + \frac{1}{5}$ =　　　　　② $\frac{3}{8} + \frac{2}{8}$ =

③ $\frac{1}{4} + \frac{3}{4}$ =　　　　　④ $\frac{4}{9} + \frac{2}{9}$ =

⑤ $\frac{1}{3} + \frac{1}{3}$ =　　　　　⑥ $\frac{4}{10} + \frac{6}{10}$ =

① $\dfrac{5}{7} - \dfrac{3}{7}$ の計算をします。（　　）にあてはまる数を書きましょう。

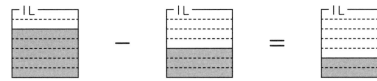

$\dfrac{1}{7}$ の（　　）こ分　　$\dfrac{1}{7}$ の（　　）こ分　　$\dfrac{1}{7}$ の（　　）こ分

$\dfrac{1}{7}$ をもとにすると，（　　）−（　　）=（　　）

だから，$\dfrac{1}{7}$ が（　　）こで，$\dfrac{5}{7} - \dfrac{3}{7} = \left(\right)$

② 牛にゅうが 1L あります。$\dfrac{2}{5}$L 飲むと，のこりは何 L になりますか。

式　$1 - \left(\dfrac{}{}\right) = \left(\dfrac{}{5}\right) - \left(\dfrac{}{}\right)$

$= \left(\dfrac{}{}\right)$

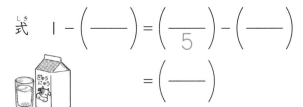

答え _____

③ 計算をしましょう。

① $\dfrac{4}{6} - \dfrac{2}{6} =$ 　　② $1 - \dfrac{5}{8} =$

③ $\dfrac{8}{9} - \dfrac{1}{9} =$ 　　④ $\dfrac{6}{10} - \dfrac{2}{10} =$

⑤ $1 - \dfrac{2}{4} =$ 　　⑥ $\dfrac{2}{3} - \dfrac{1}{3} =$

① 計算をしましょう。

① $\dfrac{2}{4} + \dfrac{2}{4} =$ 　　② $\dfrac{3}{8} + \dfrac{4}{8} =$

③ $\dfrac{1}{5} + \dfrac{4}{5} =$ 　　④ $\dfrac{1}{3} + \dfrac{1}{3} =$

⑤ $\dfrac{4}{9} + \dfrac{3}{9} =$ 　　⑥ $\dfrac{5}{7} + \dfrac{1}{7} =$

⑦ $\dfrac{4}{6} - \dfrac{3}{6} =$ 　　⑧ $\dfrac{9}{10} - \dfrac{3}{10} =$

⑨ $1 - \dfrac{2}{3} =$ 　　⑩ $\dfrac{4}{5} - \dfrac{2}{5} =$

⑪ $\dfrac{6}{7} - \dfrac{2}{7} =$ 　　⑫ $1 - \dfrac{5}{9} =$

② 水そうに水が $\dfrac{6}{9}$L 入っているところに，さらに水を $\dfrac{2}{9}$L 入れました。水は全部で何 L になりましたか。

式

答え _____

① 計算をしましょう。

① $\dfrac{2}{7} + \dfrac{4}{7} =$　　　　② $\dfrac{1}{2} + \dfrac{1}{2} =$

③ $\dfrac{1}{8} + \dfrac{4}{8} =$　　　　④ $\dfrac{2}{5} + \dfrac{1}{5} =$

⑤ $\dfrac{5}{9} + \dfrac{4}{9} =$　　　　⑥ $\dfrac{2}{4} + \dfrac{1}{4} =$

⑦ $1 - \dfrac{1}{5} =$　　　　⑧ $\dfrac{5}{7} - \dfrac{4}{7} =$

⑨ $\dfrac{3}{6} - \dfrac{2}{6} =$　　　　⑩ $1 - \dfrac{3}{8} =$

⑪ $1 - \dfrac{2}{10} =$　　　　⑫ $\dfrac{4}{9} - \dfrac{2}{9} =$

② はり金が 1m あります。$\dfrac{4}{6}$ m 使うと，のこりは
何 m になりますか。

式

答え _____

---

① 計算をしましょう。

① $\dfrac{2}{5} + \dfrac{3}{5} =$　　　　② $\dfrac{1}{9} + \dfrac{2}{9} =$

③ $\dfrac{1}{4} + \dfrac{1}{4} =$　　　　④ $\dfrac{6}{8} + \dfrac{2}{8} =$

⑤ $\dfrac{2}{3} + \dfrac{1}{3} =$　　　　⑥ $\dfrac{4}{6} + \dfrac{1}{6} =$

⑦ $\dfrac{8}{9} - \dfrac{3}{9} =$　　　　⑧ $1 - \dfrac{1}{3} =$

⑨ $\dfrac{2}{7} - \dfrac{1}{7} =$　　　　⑩ $\dfrac{3}{5} - \dfrac{2}{5} =$

⑪ $\dfrac{7}{10} - \dfrac{2}{10} =$　　　　⑫ $1 - \dfrac{2}{6} =$

（トライ）
② □にあてはまる等号や不等号を書きましょう。

① $\dfrac{7}{8} - \dfrac{6}{8}$ □ $\dfrac{1}{8}$　　　　② $1 - \dfrac{1}{4}$ □ $\dfrac{2}{4}$

③ $\dfrac{5}{7}$ □ $\dfrac{6}{7} - \dfrac{2}{7}$　　　　④ $\dfrac{3}{5}$ □ $\dfrac{2}{5} + \dfrac{2}{5}$

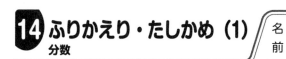

1　色をぬったところの長さやかさを，分数で表しましょう。

①
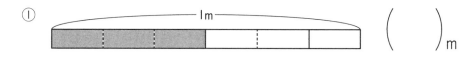
（　　　）m

②
（　　　）L

③
（　　　）L

2　（　）にあてはまる数を書きましょう。

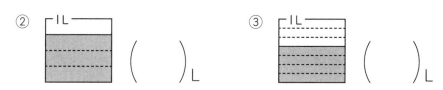

① $\frac{2}{5}$ の分母は（　　），分子は（　　）です。

② $\frac{5}{9}$L は，$\frac{1}{9}$L の（　　）こ分のかさです。

③ $\frac{1}{8}$m の（　　）こ分の長さは，1m です。

④ 1m を 6 等分した 4 こ分の長さは，（　　）m です。

3　下の数直線の⑦〜エのめもりが表す分数を書きましょう。

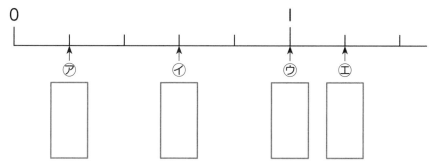

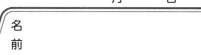

1　計算をしましょう。

① $\frac{4}{10} + \frac{6}{10} =$

② $\frac{3}{7} + \frac{3}{7} =$

③ $\frac{1}{6} + \frac{1}{6} =$

④ $1 - \frac{3}{10} =$

⑤ $\frac{8}{9} - \frac{4}{9} =$

⑥ $\frac{4}{5} - \frac{3}{5} =$

2　麦茶が，やかんに $\frac{3}{7}$L，水とうに $\frac{2}{7}$L 入っています。

① あわせて何 L ありますか。

式

答え

② ちがいは何 L ですか。

式

答え

トライ

3　⑦〜⑨の数を，小さいじゅんにならべましょう。

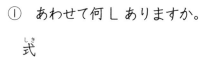

⑦ 0.2　　④ 0　　⑨ $\frac{8}{10}$　　エ $\frac{11}{10}$　　オ 1.5　　カ $\frac{9}{10}$　　キ 1

（　　）→（　　）→（　　）→（　　）→（　　）→（　　）→（　　）

名前

14 まとめのテスト
分数

[知識・技能]

1 色をぬったところの長さやかさを、分数で表しましょう。(5×2)

① （　　　）m

② （　　　）L

2 （　）にあてはまる数を書きましょう。(5×4)

① 分母が7で、分子が2の分数は（　　　）

② 1Lを5等分した3こ分のかさは、（　　　）L

③ $\frac{3}{6}$ mは、$\frac{1}{6}$ mの（　　　）こ分の長さ

④ $\frac{1}{5}$ mの（　　　）こ分の長さは、1m

3 □にあてはまる等号や不等号を書きましょう。(5×2)

① 1 □ $\frac{1}{10}$

② $\frac{5}{10}$ □ 0.5

4 下の数直線の⑦と①が表す分数を書きましょう。(5×2)

0

⑦（　　　）　①（　　　）

[思考・判断・表現]

5 お茶が、大きいやかんに $\frac{5}{8}$ L、小さいやかんに $\frac{2}{8}$ L入っています。(5×4)

① あわせて何Lありますか。

式

答え

② ちがいは何Lですか。

式

答え

6 赤いリボンが $\frac{3}{10}$ m、白いリボンが $\frac{6}{10}$ m あります。(5×4)

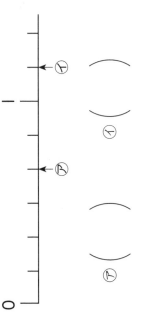

① あわせて何mありますか。

式

答え

② どちらが何m長いですか。

式

答え

答え

7 ドレッシングが1Lあります。$\frac{1}{5}$ L 使うと、のこりは何Lになりますか。(5×2)

式

答え

15 □を使った式
□を使って場面を式に表そう（1）

名前

● 次の場面を，わからない数を □ として，たし算の式に表しましょう。
また，□ にあてはまる数をもとめましょう。

① えん筆を 16 本持っています。何本かもらいました。全部で 24 本
になりました。

式 　(　　　　　) + □ = (　　　　　)

□にあてはまる数はいくつかな。ひき算でもとめられるね。

(　　　　) − (　　　　) = (　　　　)　　□ = (　　　　)

② 運動場に子どもが 28 人います。何人か来たので，全部で 40 人に
なりました。

式

□ = (　　　　　)

③ バスに何人か乗っています。次のバスていで 5 人乗ってきたので，
全部で 20 人になりました。

式

□ = (　　　　　)

15 □を使った式
□を使って場面を式に表そう（2）

名前

● 次の場面を，わからない数を □ として，ひき算の式に表しましょう。
また，□ にあてはまる数をもとめましょう。

① 画用紙を何まいか持っています。12 まい使いました。のこりは
35 まいになりました。

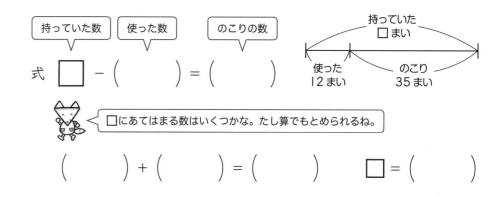

式 　□ − (　　　　) = (　　　　)

□にあてはまる数はいくつかな。たし算でもとめられるね。

(　　　　) + (　　　　) = (　　　　)　　□ = (　　　　)

② ブルーベリーが何こかありました。18 こ食べたので，のこりは
47 こになりました。

式

□ = (　　　　　)

③ 公園に子どもが 22 人いました。何人か帰ったので，のこりは
17 人になりました。

式

□の数は，何算で
もとめられるかな。

□ = (　　　　　)

15 □を使った式
□を使って場面を式に表そう（3）

名前

● 次の場面を，わからない数を □ として，かけ算の式に表しましょう。また，□ にあてはまる数をもとめましょう。

① 同じ数ずつ，7人にクッキーを配ると，クッキーは全部で42まいいります。

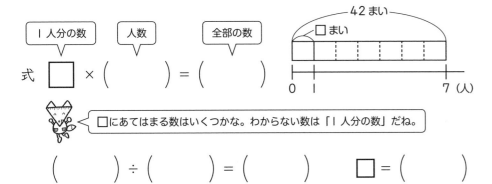

式　□ × （　　　　） = （　　　　）

□にあてはまる数はいくつかな。わからない数は「1人分の数」だね。

（　　　　） ÷ （　　　　） = （　　　　）　　　□ = （　　　　）

② 同じねだんのラムネを3こ買ったら，代金は24円でした。

式

□ = （　　　　）

③ 1箱に5こずつに入ったチョコレートを何箱か買ったら，チョコレートは全部で30こになりました。

式

□ = （　　　　）

15 □を使った式
□を使って場面を式に表そう（4）

名前

● 次の場面を，わからない数を □ として，わり算の式に表しましょう。また，□ にあてはまる数をもとめましょう。

① 子どもが36人います。同じ人数ずつチームに分けると，4つのチームに分けることができました。

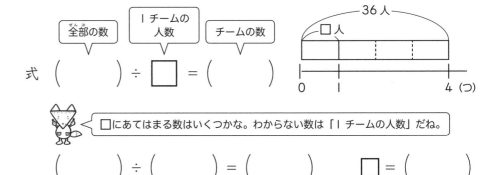

式　（　　　　） ÷ □ = （　　　　）

□にあてはまる数はいくつかな。わからない数は「1チームの人数」だね。

（　　　　） ÷ （　　　　） = （　　　　）　　　□ = （　　　　）

② キャラメルが56こあります。何人かで同じ数ずつ分けると，1人分は8こになりました。

式

□ = （　　　　）

③ ジュースが10dLあります。同じかさずつコップに入れると，5つのコップに分けることができました。

式

□ = （　　　　）

15 □を使った式
□を使って場面を式に表そう（5）

名前

1　次の場面を，わからない数を□として，[　　]の中の計算の式に表しましょう。また，□にあてはまる数をもとめましょう。

① 午前中に，クッキーを43まいやきました。午後にも何まいかやいたので，クッキーは全部で92まいになりました。[たし算]

式

□＝（　　　　　）

② ジュースが何mLかあります。220mL飲んだら，のこりが490mLになりました。[ひき算]

式

□＝（　　　　　）

2　□にあてはまる数をもとめましょう。

① 33 ＋ ☐ ＝ 81

② ☐ ＋ 19 ＝ 32

③ ☐ － 8 ＝ 42

④ 26 － ☐ ＝ 17

15 □を使った式
□を使って場面を式に表そう（6）

名前

1　次の場面を，わからない数を□として，[　　]の中の計算の式に表しましょう。また，□にあてはまる数をもとめましょう。

① 色紙でつるをおります。5人で同じ数ずつおると，つるは全部で45羽になりました。[かけ算]

式

□＝（　　　　　）

② トマトが24こあります。いくつかのふくろに同じ数ずつ入れると，1ふくろ分は3こになりました。[わり算]

式

□＝（　　　　　）

2　□にあてはまる数をもとめましょう。

① ☐ × 5 ＝ 30

② 7 × ☐ ＝ 28

③ 27 ÷ ☐ ＝ 3

④ ☐ ÷ 8 ＝ 7

15 □を使った式
□を使って場面を式に表そう (7)

名前

● 下の絵を見て，次の㋐と㋑のかけ算の式になる場面のお話をつくりましょう。また，□にあてはまる数をもとめましょう。

> おにぎりが 12 こあります。同じ数ずつお皿にのせます。

> | 1皿のおにぎりの数 | × | お皿の数 | = | 全部の数 | の式にあてはめて考えよう。

㋐　3 × □ = 12

□ = (　　　　)

㋑　□ × 3 = 12

□ = (　　　　)

---

15 ふりかえり・たしかめ (1)
□を使った式

月　日

名前

● 次の場面を，わからない数を□として，[　]の中の計算の式に表しましょう。また，□にあてはまる数をもとめましょう。

① リボンが何 cm かあります。15cm 使ったので，のこりは 32cm になりました。[ひき算]

式

□ = (　　　　　)

② お金を 300 円持っています。お母さんに何円かもらったので，全部で 520 円になりました。[たし算]

式

□ = (　　　　　)

③ 同じ数ずつ，6 人でしおりをつくったら，しおりは全部で 24 まいできました。[かけ算]

式

□ = (　　　　　)

38

● 次の①～⑤のお話の場面にあった式を下の⑦～⑦からえらんで，
（　）に記号を書きましょう。

① 同じ数ずつ，5人にクッキーを配ったら，
クッキーは全部で20まいいりました。　　　　　（　　）

② クッキーが何まいかあります。
5まいもらったので，全部で20まいになりました。（　　）

③ クッキーが20まいあります。何人かで
同じ数ずつ分けると，1人分は5まいになりました。（　　）

④ クッキーが何まいかありました。
5まい食べたので，のこりは20まいになりました。（　　）

⑤ 5まいずつふくろに入ったクッキーを何ふくろか
買ったら，クッキーは全部で20まいになりました。（　　）

⑦ 20 ÷ □ = 5

⑦ 5 × □ = 20

⑦ □ × 5 = 20

⑦ □ + 5 = 20

⑦ □ − 5 = 20

● 整数を入れると計算をするきかい⑦，⑦があります。

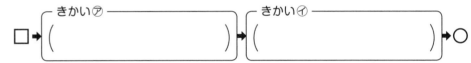

きかい⑦：ある整数を入れると，その整数に 4 をたして出す。
きかい⑦：ある整数を入れると，その整数に 2 をかけて出す。

きかい⑦ときかい⑦を，次のようにつないで，ある整数 □ を
入れたとき，出てくる整数 ○ を調べます。（　　）にあてはまる
数や式を書きましょう。

① □ = 3,　○ = (　　　　)

□ →　きかい⑦　(3)+(4)=(　　)　　きかい⑦　(　　)×(　　)=(　　) → ○

② □ = 7,　○ = (　　　　)

□ →　きかい⑦　(　　　　　)　　きかい⑦　(　　　　　) → ○

③ □ = 10,　○ = (　　　　)

□ →　きかい⑦　(　)×(　)=(　)　　きかい⑦　(　)+(　)=(　) → ○

④ □ = (　　　),　○ = 12

きかい⑦に入れた数は，
4 をたすと，12 になる数だね。

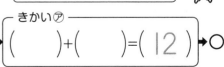

□ →　きかい⑦　(　　　　　)　　きかい⑦　(　)+(　)=(12) → ○

15 まとめのテスト
□を使った式

名前

【知識・技能】

① □にあてはまる数をもとめましょう。(5×10)

① 28 + [　　] = 52

② 76 + [　　] = 165

③ [　　] + 16 = 32

④ [　　] − 18 = 45

⑤ [　　] − 138 = 183

⑥ 55 − [　　] = 27

⑦ [　　] × 9 = 36

⑧ 8 × [　　] = 64

⑨ 42 ÷ [　　] = 6

⑩ [　　] ÷ 4 = 5

【思考・判断・表現】

② 次の場面を、わからない数を□として、[　]の中の式に表しましょう。また、□にあてはまる数をもとめましょう。(5×10)

① 色紙を 53 まい持っています。何まいかもらったので、全部で 91 まいになりました。[たし算]

式

□ = (　　　　)

② 教室に何人かいます。8 人帰ったので、のこりは 9 人になりました。[ひき算]

式

□ = (　　　　)

③ 1 まい 7 円のシールを何まいか買ったら、代金は 35 円でした。[かけ算]

式

□ = (　　　　)

④ 同じ数ずつ、6 人にジュースを配ると、ジュースは全部で 24 本いります。[かけ算]

式

□ = (　　　　)

⑤ かきが 12 こあります。何人かで同じ数ずつ分けると、1 人分は 2 こになりました。[わり算]

式

□ = (　　　　)

16 かけ算の筆算 ②
何十をかける計算

月　日

名前

① （　）にあてはまる数を書きましょう。

① 23 × 20

= 23 × (　　　　) × 10

= (　　　　) × 10

= (　　　　)

② 42 × 30

= 42 × 3 × (　　　　)

= 126 × (　　　　)

= (　　　　)

② 計算をしましょう。

① 4 × 20 =

② 6 × 40 =

③ 5 × 60 =

④ 7 × 90 =

⑤ 13 × 50 =

⑥ 21 × 70 =

⑦ 32 × 30 =

⑧ 41 × 20 =

⑨ 30 × 20 =

⑩ 50 × 40 =

③ たいやき 4 こ入りの箱が 30 箱あります。
たいやきは全部で何こありますか。

式

答え

16 かけ算の筆算 ②
2 けたの数をかける計算 (1)

月　日

名前

2 けた × 2 けた＝ 3 けた（くり上がりなし）

① 12 × 32 の筆算をします。（　　　　）にあてはまる数を書きましょう。

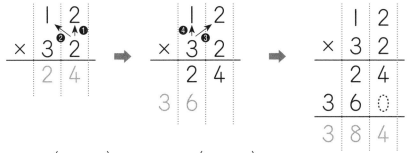

① 12 × 2 = (　　　　)　② 12 × 3 = (　　　　)　③ たし算をする。

24 + 360 = (　　　　)

② 筆算でしましょう。

① 13 × 23

② 21 × 32

③ 12 × 21

④ 24 × 12

⑤ 30 × 22

⑥ 21 × 34

① 24 × 33 　　② 45 × 21 　　③ 39 × 12

④ 18 × 24 　　⑤ 17 × 15 　　⑥ 25 × 23

⑦ 26 × 13 　　⑧ 29 × 22 　　⑨ 16 × 35

1 筆算でしましょう。

① 37 × 21 　　② 16 × 26 　　③ 19 × 15

④ 48 × 12 　　⑤ 24 × 23 　　⑥ 36 × 21

トライ
2 □に数字を入れ，正しい筆算をつくりましょう。

①
```
    1 □
  ×□ 2
  ─────
    3 0
  1 5
  ─────
  1 □ □
```

②
```
    □ 5
  × 3 □
  ─────
    5 0
  □ □
  ─────
  8 □ □
```

③
```
    2 8
  × □ □
  ─────
    8 4
  2 □
  ─────
  3 □ □
```

16 かけ算の筆算 ②
2けたの数をかける計算（4）

2けた×2けた＝3けた（くり上がりあり）

① 34 × 25

② 42 × 14

③ 63 × 15

④ 26 × 34

⑤ 55 × 18

⑥ 16 × 47

⑦ 25 × 24

⑧ 35 × 23

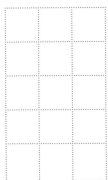

⑨ 37 × 27

16 かけ算の筆算 ②
2けたの数をかける計算（5）

2けた×2けた＝4けた

① 26 × 73

② 45 × 32

③ 27 × 53

④ 34 × 42

⑤ 18 × 84

⑥ 29 × 72

⑦ 19 × 65

⑧ 39 × 92

⑨ 16 × 86

月　　日

16 かけ算の筆算 ②

2 けたの数をかける計算 (6)

名前

2 けた× 2 けた＝ 4 けた

① 66 × 47

② 49 × 38

③ 57 × 64

④ 84 × 56

⑤ 38 × 75

⑥ 75 × 88

⑦ 43 × 69

⑧ 54 × 58

⑨ 92 × 46

月　　日

16 かけ算の筆算 ②

2 けたの数をかける計算 (7)

名前

2 けた× 2 けた＝ 3 けた・4 けた

① 52 × 47

② 16 × 34

③ 43 × 25

④ 18 × 62

⑤ 44 × 19

⑥ 32 × 23

⑦ 87 × 56

⑧ 24 × 28

⑨ 35 × 12

16 かけ算の筆算 ②
2けたの数をかける計算（8）

● くふうして筆算しましょう。

① 73 × 40

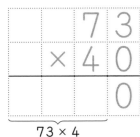

73×0の計算は
書かずにはぶくと，
かんたんになるね。

73 × 4

② 24 × 30

③ 54 × 80

④ 92 × 20

⑤ 46 × 70

⑥ 6 × 37

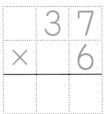

かけ算のきまり
○×△＝△×○を
使うといいね。

⑦ 7 × 84

⑧ 4 × 69

⑨ 5 × 48

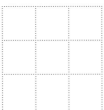

⑩ 9 × 56

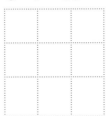

---

16 かけ算の筆算 ②
2けたの数をかける計算（9）

3けた×2けた＝4けた

① 213 × 32

② 421 × 12

③ 152 × 46

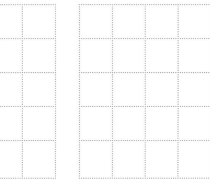

④ 265 × 32

⑤ 176 × 54

⑥ 346 × 27

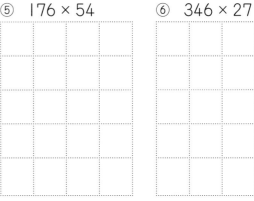

⑦ 524 × 13

⑧ 613 × 14

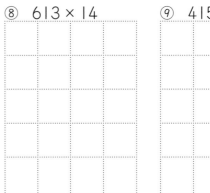

⑨ 415 × 23

① 225 × 52

② 318 × 61

③ 219 × 83

④ 768 × 49

⑤ 697 × 58

⑥ 486 × 74

① 801 × 59

② 603 × 86

③ 908 × 94

④ 506 × 78

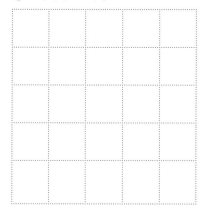

⑤ 705 × 60

⑥ 409 × 30

3けた×2けた＝4けた・5けた

① 422 × 21

② 806 × 75

③ 362 × 15

④ 673 × 48

⑤ 454 × 62

⑥ 507 × 70

１ １さつ124円のノートを23さつ買います。
代金(だいきん)はいくらですか。

式

答え＿＿＿＿＿＿＿＿

２ 色紙を１人に25まいずつ配(くば)ります。
16人に配ると，色紙は全部(ぜんぶ)で何まい
いりますか。

式

答え＿＿＿＿＿＿＿＿

３ 本を１日に56ページずつ読みます。
31日間では何ページ読めますか。

式

答え＿＿＿＿＿＿＿＿

16 かけ算の筆算 ②
2けたの数をかける計算 (14)

名前

□1　動物園の入園りょうは，子ども1人 475 円です。
　　3 年 1 組の 32 人で行くと，入園りょうは
全部でいくらになりますか。

式

答え＿＿＿＿＿＿＿＿＿＿

□2　1しゅう 485m のランニングコースがあります。
　　12 しゅう走ると，全部で何 m になりますか。

式

答え＿＿＿＿＿＿＿＿＿＿

□3　1箱 24 こ入りのクッキーの箱が 28 箱あります。
　　クッキーは全部で何こありますか。

式

答え＿＿＿＿＿＿＿＿＿＿

---

16 かけ算の筆算 ②
暗算

名前

□1　次のかけ算を暗算でします。(　　)にあてはまる数を書きましょう。

①　$32 \times 4 = ($　　　　$)$

　　❶　❷

　　30　2

　　❶ $30 \times 4 = ($　　　　$)$

　　❷ $2 \times 4 = ($　　　　$)$
　　――――――――――――
　　あわせて　$($　　　　$)$

②　$25 \times 24 = 25 \times 4 \times ($　　　$)$

　　　　　　　$= 100 \times ($　　　$)$

　　　　　　　$= ($　　　　$)$

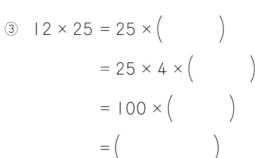

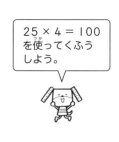

$25 \times 4 = 100$
を使ってくふう
しよう。

③　$12 \times 25 = 25 \times ($　　　$)$

　　　　　　　$= 25 \times 4 \times ($　　　$)$

　　　　　　　$= 100 \times ($　　　$)$

　　　　　　　$= ($　　　　$)$

□2　暗算でしましょう。

①　$21 \times 3 =$　　　　　②　$330 \times 2 =$

③　$12 \times 40 =$　　　　　④　$250 \times 4 =$

⑤　$25 \times 32 =$　　　　　⑥　$16 \times 25 =$

48

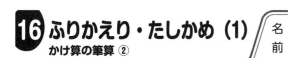

16 ふりかえり・たしかめ (1)
かけ算の筆算 ②

名
前

① 計算をしましょう。

① 7 × 60 ＝　　　　　② 22 × 30 ＝

③ 40 × 80 ＝　　　　　④ 24 × 3 ＝

② 筆算でしましょう。

① 83 × 49　　　② 234 × 21　　　③ 362 × 40

④ 24 × 13　　　⑤ 724 × 36　　　⑥ 508 × 62

16 ふりかえり・たしかめ (2)
かけ算の筆算 ②

名
前

① 82 × 43　　　② 31 × 22　　　③ 182 × 34

④ 93 × 68　　　⑤ 43 × 15　　　⑥ 369 × 42

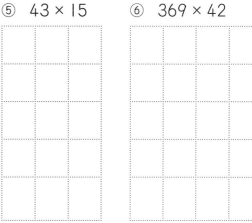

⑦ 54 × 20　　　⑧ 8 × 76　　　⑨ 409 × 60

16 ふりかえり・たしかめ (3)
かけ算の筆算 ②

名前

① 69×35

② 41×21

③ 794×38

④ 373×21

⑤ 32×16

⑥ 604×49

⑦ 66×50

⑧ 9×74

⑨ 267×54

16 ふりかえり・たしかめ (4)
かけ算の筆算 ②

名前

1　長さ 30cm のテープを 54 本つくります。
　　テープは全部で何 cm いりますか。

式

答え _____

2　1 こ 85 円のゼリーを 14 こ買いました。
　　2000 円はらうと，おつりはいくらですか。

式

答え _____

3　次の計算が正しければ〇を，まちがっていれば正しい答えを，
　　（　　）に書きましょう。

①
```
      3 9
  ×   2 8
  ─────────
      3 1 2
        7 8
  ─────────
      3 9 0
```
（　　　　）

②
```
    3 0 4
  ×   2 0
  ─────────
      6 8 0
```
（　　　　）

③
```
      5 2 6
  ×     6 3
  ─────────
    1 5 7 8
    3 1 5 6
  ─────────
    3 3 1 3 8
```
（　　　　）

月　日

名前

16 まとめのテスト
かけ算の筆算 ②

【知識・技能】

① 筆算でしましょう。 (5×10)

① 33 × 21

② 24 × 25

③ 61 × 45

④ 56 × 23

⑤ 4 × 52

⑥ 636 × 50

⑦ 236 × 33

⑧ 325 × 32

⑨ 402 × 78

⑩ 592 × 68

【思考・判断・表現】

② 4人乗りのゴーカートが 20 台あります。全部で何人乗れますか。 (5×2)

式

答え ____

③ 計算プリントが 21 まいあります。1 まいに計算問題が 12 問あります。計算問題は全部で何問ありますか。 (5×2)

式

答え ____

④ 1 ふくろに 325g 入ったねん土が 42 ふくろあります。ねん土は全部で何 g ありますか。 (5×2)

式

答え ____

⑤ 1m のねだんが 442 円のリボンを 35m 買います。代金はいくらになりますか。 (5×2)

式

答え ____

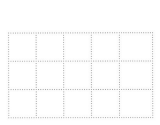

⑥ 1こ 82 円のプリンを 17 こ買って、2000 円はらいました。おつりはいくらですか。 (5×2)

式

答え ____

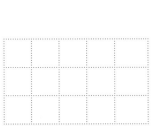

① 赤のリボンの長さは 12cm です。白のリボンの長さは，赤のリボンの長さの 3 倍です。白のリボンの長さは何 cm ですか。

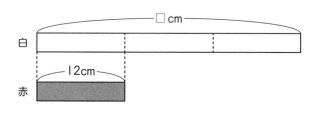

もとにする大きさの○倍の大きさをもとめるときは，かけ算を使うといいね。

式

答え

② 水とうにお茶が 5dL 入っています。
やかんには，水とうの 4 倍のかさのお茶が入っています。
やかんに入っているお茶は何 dL ですか。

式

答え

③ きのうは，ミニトマトを 15 こ食べました。
今日はきのうの 2 倍食べました。
今日はミニトマトを何こ食べましたか。

式

答え

① 青のリボンの長さは 6cm です。黄のリボンの長さは 42cm です。
黄のリボンの長さは，青のリボンの長さの何倍ですか。

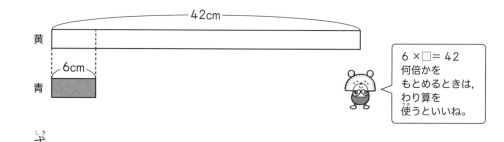

$6 × □ = 42$
何倍かをもとめるときは，わり算を使うといいね。

式

答え

② 音読の練習をしています。きのうは 4 回，今日は 8 回練習しました。今日は，きのうの何倍練習しましたか。

式

答え

トライ
③ みかんが 24 こ，りんごが 6 こ，かきが 3 こあります。
（　　）にあてはまる数を書きましょう。

① みかんの数は，りんごの数の（　　）倍です。

② みかんの数は，かきの数の（　　）倍です。

③ りんごの数は，かきの数の（　　）倍です。

1　ピンクのリボンの長さは，オレンジのリボンの長さの 5 倍で，40cm です。オレンジのリボンの長さは何 cm ですか。

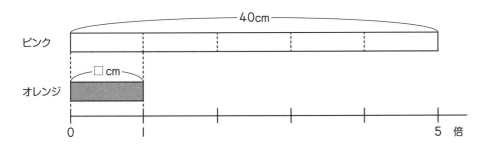

①　オレンジのリボンの長さを□ cm として，かけ算の式で表しましょう。

> もとにする大きさをもとめるには□を使ってかけ算の式に表すと，わかりやすいね。

式

②　□にあてはまる数をもとめましょう。

式

答え（　　　）cm

2　二重とびで，今日は，きのうの 3 倍で，39 回とびました。きのうは何回とびましたか。

式

答え

1　お父さんの体重は，ひろきさんの体重の 2 倍で，60kg です。ひろきさんの体重は何 kg ですか。

式

答え

2　レモンの重さは 150g です。パイナップルの重さは，レモンの重さの 8 倍です。
パイナップルの重さは何 g ですか。

式

答え

3　オレンジジュースが 6dL，りんごジュースが 24dL あります。りんごジュースのかさは，オレンジジュースのかさの何倍ですか。

式

答え

ふりかえり・たしかめ (1)
倍の計算

名前

① 高さ 3m の木があります。
　ビルの高さは，木の高さの 6 倍です。
　ビルの高さは何 m ですか。

式

答え _____

② くりひろいで，だいきさんは 32 こ，
　弟は 8 こ拾いました。だいきさんは，
　弟の何倍拾いましたか。

式

答え _____

③ グミのねだんは，ガムのねだんの 3 倍で，
　90 円です。ガムのねだんはいくらですか。

式

答え _____

ふりかえり・たしかめ (2)
倍の計算

名前

① 大根が 3 本，にんじんが 15 本あります。
　にんじんの本数は，大根の本数の何倍ですか。

式

答え _____

② マラソン大会で，中学生は，小学生の 2 倍で，
　池のまわりを 6 しゅう走ります。
　　小学生は池のまわりを何しゅう走りますか。

式

答え _____

③ きのうは，本を 42 ページ読みました。
　今日はきのうの 2 倍読みました。
　今日は何ページ読みましたか。

式

答え _____

1 次の三角形の名前を書きましょう。

⑦ 2つの辺の長さが
等しい三角形

⑦ 3つの辺の長さが
どれも等しい三角形

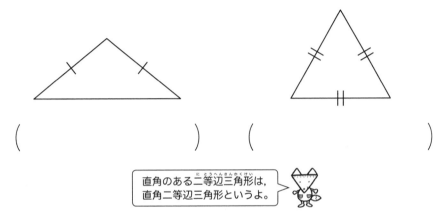

（　　　　　　　）（　　　　　　　）

直角のある二等辺三角形は，
直角二等辺三角形というよ。

2 下の⑦〜⊕の三角形の辺の長さをコンパスで調べて，二等辺三角形
と正三角形をえらび，（　　）に記号を書きましょう。

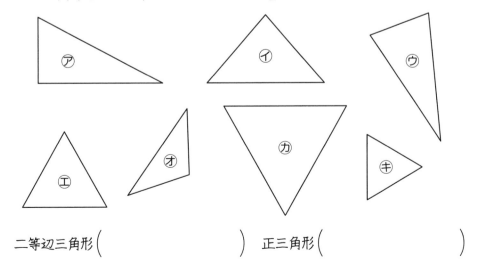

二等辺三角形（　　　　　　　）正三角形（　　　　　　　）

1 次のそれぞれの三角形で，長さの等しい辺に色をぬりましょう。

① 二等辺三角形

② 二等辺三角形

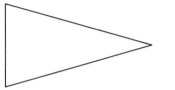

③ 正三角形

④ 直角二等辺三角形

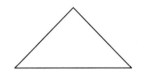

2 下の図を使って，二等辺三角形と正三角形をかいてみましょう。

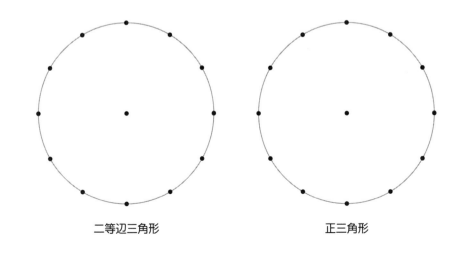

二等辺三角形　　　　　正三角形

① 次の二等辺三角形をかきましょう。

① 辺の長さが 4cm，5cm，5cm

<─── 4cm ───>

② 辺の長さが 3cm，3cm，4cm

コンパスを使ってかこう。

トライ

② 次の⑦，④，⑤のうち，二等辺三角形ができるのはどれですか。
（　　）に記号を書きましょう。また，その二等辺三角形をかきましょう。

⑦　辺の長さが 7cm，3cm，3cm
④　辺の長さが 10cm，6cm，6cm
⑤　辺の長さが 2.5cm，2.5cm，5cm

（　　　　）

① 次の正三角形をかきましょう。

① 辺の長さが 5cm，5cm，5cm

② 1辺の長さが 3cm

コンパスを使うといいね。

トライ

② まわりの長さが 21cm の正三角形をかきましょう。また，1辺の
長さは何 cm ですか。

1辺の長さ（　　　　）cm

月　　日

17 三角形と角
二等辺三角形と正三角形（5）

名前

1　下の円とその中心を使って，二等辺三角形を１つかきましょう。
また，（　　）にあてはまることばを書きましょう。

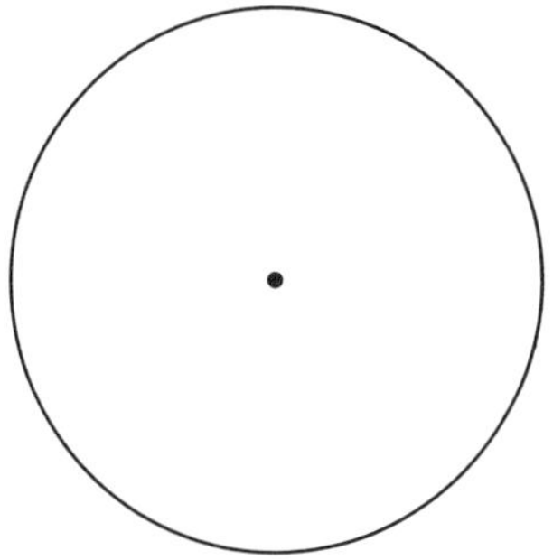

１つの円では，（　　　　　）の長さがみんな（　　　　　）なので，円を使って二等辺三角形をかくことができる。

2　次の円とその中心を使って，正三角形をかきましょう。

①　１辺の長さが 2cm の正三角形

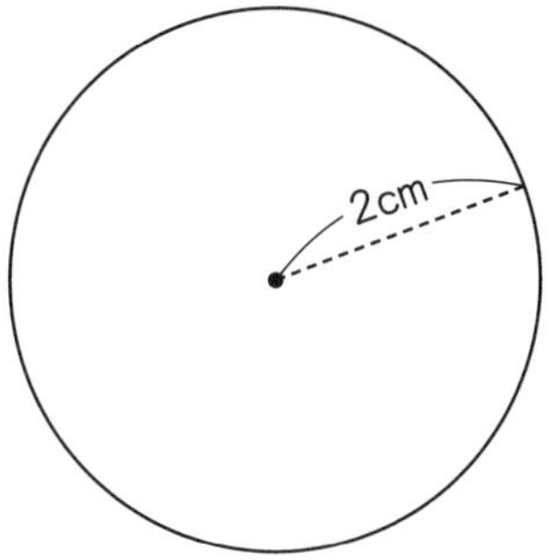

②　１辺の長さが 3cm の正三角形

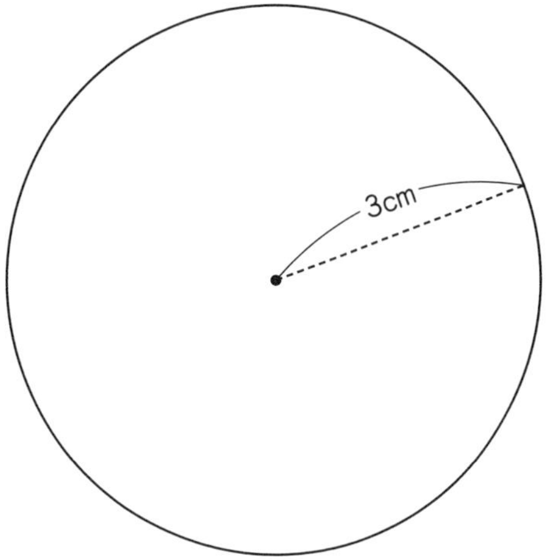

月　　日

17 三角形と角
三角形と角（1）

名前

1　（　　）にあてはまることばを，右の［　　］からえらんで書きましょう。

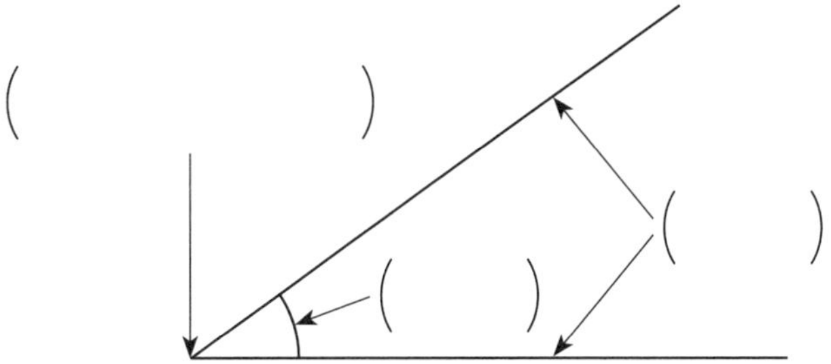

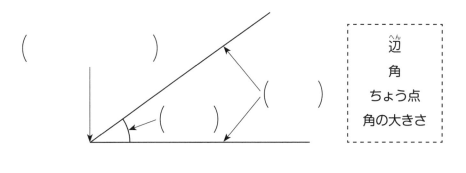

辺
角
ちょう点
角の大きさ

角をつくっている辺の開きぐあいを，（　　　　　）という。

2　三角じょうぎの，角の大きさを調べて，記号で答えましょう。

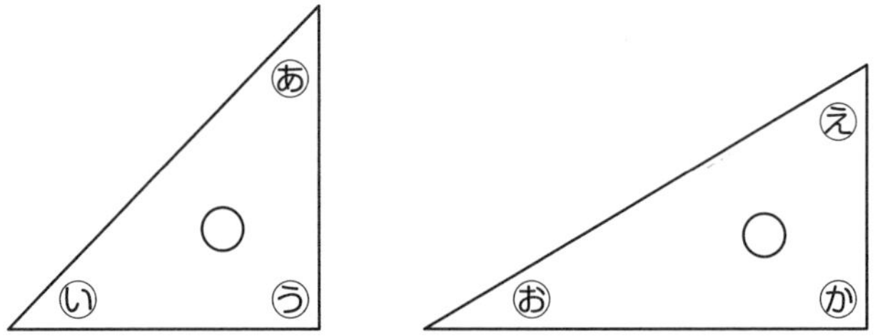

①　直角になっている角は，どれとどれですか。（　　）（　　）

②　いちばん小さい角は，どれですか。（　　）

③　いの角と同じ大きさの角は，どれですか。（　　）

④　あとえでは，どちらの角が大きいですか。（　　）

1　次の角の大きさをくらべて，大きい方に○をつけましょう。

①

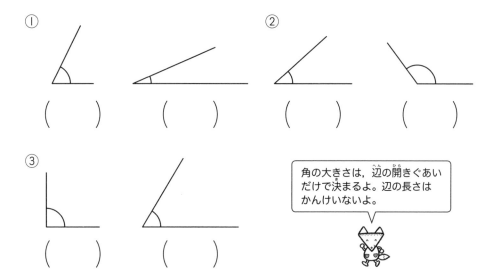

（　　）　　　　（　　）　　　　　　（　　）　　　（　　）

③

（　　）　　　　（　　）

> 角の大きさは，辺の開きぐあいだけで決まるよ。辺の長さはかんけいないよ。

2　下の⑦〜⑦の角の大きさをくらべて，大きいじゅんに記号を書きましょう。

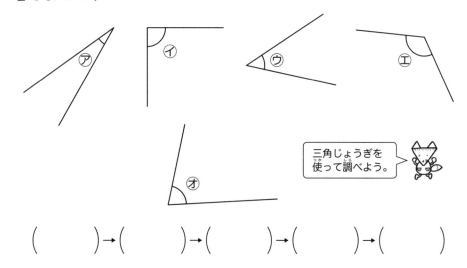

> 三角じょうぎを使って調べよう。

（　　）→（　　）→（　　）→（　　）→（　　）

1　二等辺三角形や正三角形の角の大きさについて，（　　）にあてはまる記号や数を答えましょう。

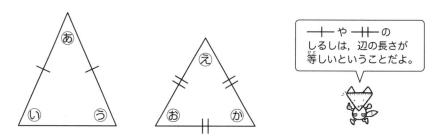

> ╂や╂╂のしるしは，辺の長さが等しいということだよ。

① 二等辺三角形では，（　　　　）つの角の大きさが等しい。

② 正三角形では，（　　　　）つの角の大きさがすべて等しい。

③ ⓘと（　　　　）の角の大きさは等しい。

④ ⓔと（　　　　）と（　　　　）の角の大きさはすべて等しい。

2　下の図のように，三角じょうぎを2まいならべると，それぞれ何という三角形ができますか。

①　　　　　　　②　　　　　　　③

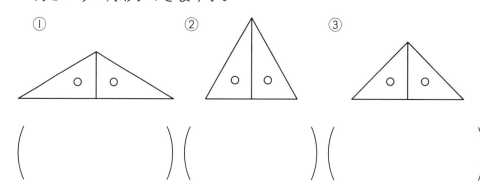

（　　）（　　）（　　）

● 次の三角形をかきましょう。また，その三角形の名前を書きましょう。

① 辺の長さが 6cm，5cm，5cm の三角形

三角形の名前

(　　　　　　　)

② どの辺の長さも 6cm の三角形

三角形の名前

(　　　　　　　)

1 二等辺三角形のかき方を考えましょう。はじめに，アイの辺をかきます。あと 1 つ，あ〜このうち，どの点をえらぶと，二等辺三角形がかけますか。すべてえらんで，記号を書きましょう。

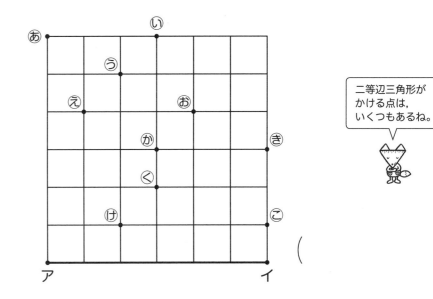

二等辺三角形がかける点は，いくつもあるね。

(　　　　　　　)

2 右の図のように，紙を 2 つにおって点線のところで切ります。

① 広げた形は，何という三角形になりますか。

(　　　　　　　)

② イウを何 cm にすると，広げた形が正三角形になりますか。

(　　　　　　　)

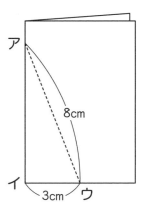

59

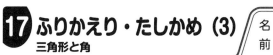

17 ふりかえり・たしかめ (3)
三角形と角

名前

17 ふりかえり・たしかめ (4)
三角形と角

名前

① 下の円の半径は4cmで，アの点は中心です。この円とその中心を使って，二等辺三角形と正三角形を，1つずつかきましょう。

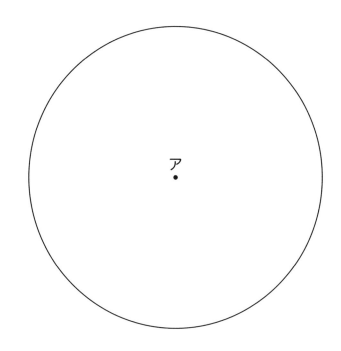

② 下の⑦〜㋑の角の大きさをくらべて，大きいじゅんに番号をつけましょう。

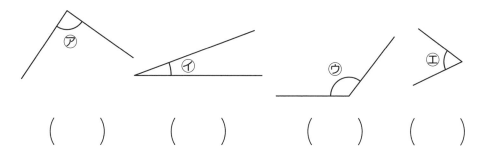

(　　)　(　　)　(　　)　(　　)

① ㋐の正三角形をすきまなくならべて，㋑や㋒の形を作るには，どのようにしきつめればよいですか。図の中に三角形をかきましょう。

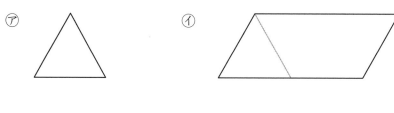

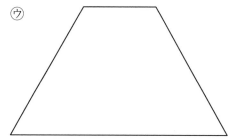

② ㋔の二等辺三角形をすきまなくならべて，㋕の形を作るには，㋔の二等辺三角形は何まいいりますか。

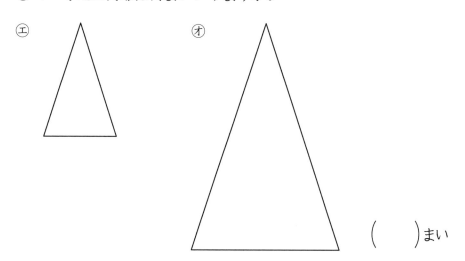

(　　　)まい

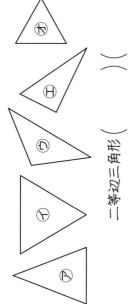

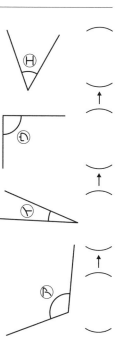
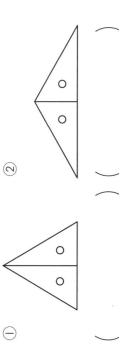
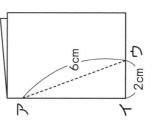
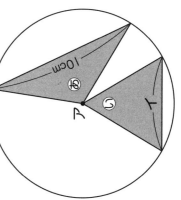

17 まとめのテスト
三角形と角

【知識・技能】

① 下の図で、二等辺三角形と正三角形をえらんで、記号を書きましょう。(5×4)

二等辺三角形 (　　)(　　)

正三角形 (　　)(　　)

② コンパスを使って、次の三角形をかきましょう。(5×2)

① 辺の長さが 3cm, 3cm, 4cm の二等辺三角形

② 1辺の長さが 4cm の正三角形

③ (　)にあてはまることばを、右の[　]からえらんで書きましょう。(5×3)

辺
角
ちょう点

④ 次の角の大きさをくらべて、大きいじゅんに記号を書きましょう。(5)

(　)→(　)→(　)→(　)

【思考・判断・表現】

⑤ 下の図のように、三角じょうぎを2まいならべると、それぞれ何という三角形ができますか。(5×2)

① (　　　)　② (　　　)

⑥ 下の図のように、紙を2つにおって点線のところで切ります。(10×2)

6cm　2cm

① 広げた形は、何という三角形になりますか。
(　　　)

② イウを何cmにすると、広げた形が正三角形になりますか。
(　　　)

⑦ 下の図のように、半径6cmの円の中に、三角形をかきました。アの点は、円の中心です。(10×2)

10cm

① あは、何という三角形ですか。
(　　　)

② いは、正三角形です。イの長さは何cmですか。
(　　　)

61

● 3年1組で, すきな遊びを調べました。

すきな遊び調べ

おにごっこ	おにごっこ	かくれんぼ	一りん車	一りん車
おにごっこ	なわとび	ドッジボール	おにごっこ	サッカー
サッカー	一りん車	ドッジボール	おにごっこ	一りん車
ドッジボール	サッカー	ドッジボール	なわとび	おにごっこ
おにごっこ	サッカー	おにごっこ	おにごっこ	一りん車
一りん車	一りん車	ドッジボール	おにごっこ	一りん車

① 「正」の字を使って
人数を調べ, 下の表に
書きましょう。

おにごっこ	
かくれんぼ	
一りん車	
なわとび	
ドッジボール	
サッカー	

② ①で, 「正」の字を使って表した数
を数字になおし, 下の表に書きましょ
う。また, 合計も書きましょう。

すきな遊び調べ

しゅるい	人数 (人)
おにごっこ	
一りん車	
ドッジボール	
サッカー	
その他	
合計	

人数の少ないものは,
「その他」にまとめよう。

● すきな教科を調べて整理した あ の表を, い のグラフに表しました。

あ
すきな教科と人数

教科	人数 (人)
体育	12
算数	4
図工	8
音楽	6

い (人)
すきな教科と人数

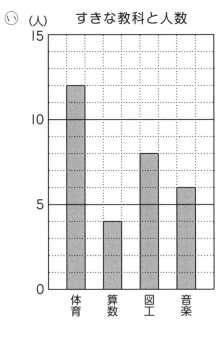

う (人)
すきな教科と人数

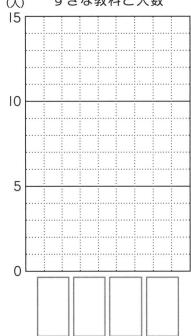

① い のように, ぼうの長さで
数の大きさを表したグラフを,
何といいますか。

（　　　　　）

② い のグラフの1めもりは,
何人を表していますか。

（　　　）人

③ い のグラフを人数の多いじゅ
んにならべかえて, う のグラフ
をかんせいさせましょう。

ぼうグラフに表すと, 何が多くて
何が少ないかがわかりやすいね。

62

● 下のぼうグラフは, 3年2組で育てたいやさいを, 調べたものです。

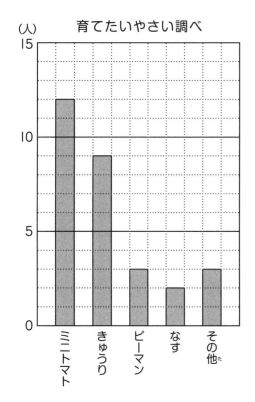

育てたいやさい調べ

① 左のグラフの1めもりは, 何人を表していますか。

（　　　）人

② それぞれのやさいの, 人数は何人ですか。

ミニトマト（　　　）人

きゅうり（　　　）人

ピーマン（　　　）人

なす（　　　）人

③ 育てたい人がいちばん多いやさいは, 何ですか。

（　　　　　　　）

④ ミニトマトの人数は, きゅうりの人数より, 何人多いですか。

（　　　）人

⑤ きゅうりの人数は, ピーマンの人数の何倍ですか。

（　　　）倍

左から数の多いじゅんにならべると, わかりやすいね。「その他」は, 数が多くても, さいごに書くよ。

● すきなくだもののしゅるいを調べて, 下の表にまとめました。この表を, ぼうグラフに表しましょう。

すきなくだもの調べ

しゅるい	いちご	みかん	りんご	もも	その他	合計
人数 (人)	12	5	4	8	3	32

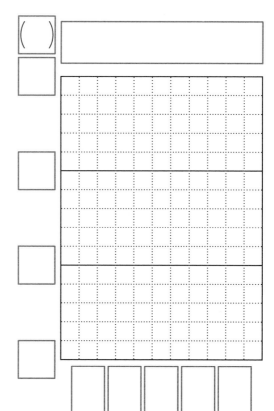

ぼうグラフのかき方

❶ 横のじくにしゅるいを書く。

❷ いちばん多い数が表せるように, たてのじくにめもりの数とたんいを書く。

❸ 数にあわせて, ぼうをかく。

❹ 表題を書く。（先に書いてもよい。）

しゅるいは, 左から数の多いじゅんに書くよ。「その他」は, 数が多くても, さいごに書こう。

18 ぼうグラフと表

整理のしかたとぼうグラフ (5)

名前

● お楽しみ会でやりたいことを，1人1つずつカードに書いて黒板にはりました。

クイズ	クイズ	歌	たからさがし	げき	がっきのえんそう	クイズ
たからさがし	たからさがし	クイズ	クイズ	たからさがし	クイズ	がっきのえんそう
マジックショー	がっきのえんそう	紙しばい	げき	クイズ	クイズ	たからさがし
クイズ	げき	クイズ	がっきのえんそう	クイズ	たからさがし	クイズ

① 「正」の字を使って人数を調べ，下のあの表に書きましょう。

あ

クイズ	
歌	
たからさがし	
げき	
がっきのえんそう	
マジックショー	
紙しばい	

② あで，「正」の字を使って表した数を数字になおし，下のいの表に書きましょう。

い

お楽しみ会でやりたいことと人数

やりたいこと	人数（人）
クイズ	
たからさがし	
げき	
がっきのえんそう	
その他	
合計	

③ いの表を，ぼうグラフに表しましょう。

( )

④ やりたい人がいちばん多いのは何ですか。

（　　　）

⑤ クイズをやりたい人は，がっきをえんそうしたい人の何倍ですか。

（　　　）

⑥ げきをやりたい人は，たからさがしをやりたい人の何分の一ですか。

$\left(\dfrac{1}{\ \ }\right)$

● 下のぼうグラフは，さくらさんの小学校で，先週休んだ人の数を表したものです。

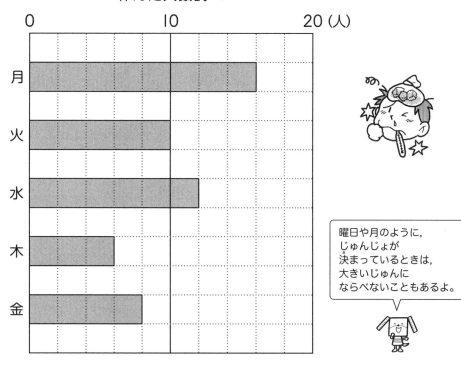

休んだ人数調べ

曜日や月のように，じゅんじょが決まっているときは，大きいじゅんにならべないこともあるよ。

① グラフの1めもりは，何人を表していますか。　（　　　　　）

② 休んだ人がいちばん多いのは，何曜日ですか。　（　　　　　）

③ 木曜日に休んだ人は，何人ですか。　（　　　　　）

● 次のぼうグラフで，1めもりが表している大きさと，ぼうが表している大きさを書きましょう。

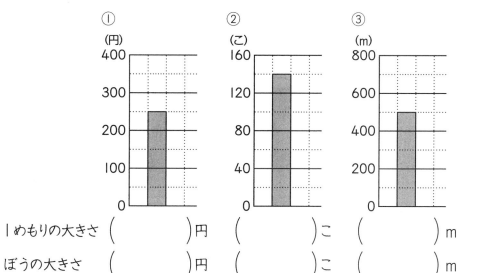

① （円）　② （こ）　③ （m）

1めもりの大きさ（　　　　）円　（　　　　）こ　（　　　　）m

ぼうの大きさ　（　　　　）円　（　　　　）こ　（　　　　）m

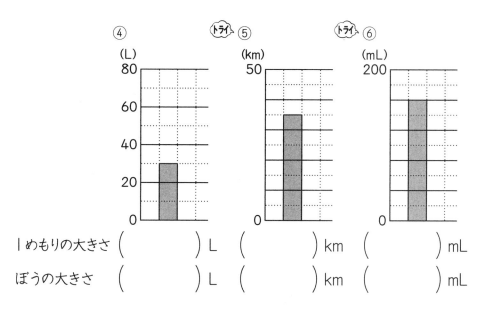

④ （L）　トライ⑤ （km）　トライ⑥ （mL）

1めもりの大きさ（　　　　）L　（　　　　）km　（　　　　）mL

ぼうの大きさ　（　　　　）L　（　　　　）km　（　　　　）mL

● 右の表は，駅からいろいろな場所までの道のりを表したものです。

駅からの道のり

場所	道のり（m）
学校	800
図書館	1300
公園	500
みくさんの家	1100
ゆうびん局	200

① この表を，ぼうグラフに表しましょう。

上から長いじゅんに書こう。

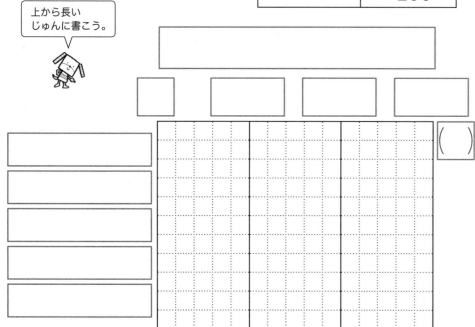

② 駅からいちばん近い場所はどこですか。　　（　　　　　）

③ 駅から学校までの道のりは，駅から公園までの道のりより何m長いですか。　　（　　　　　）

● 右のぼうグラフは，先月ほけん室に来た人数を，学年ごとに表したものです。

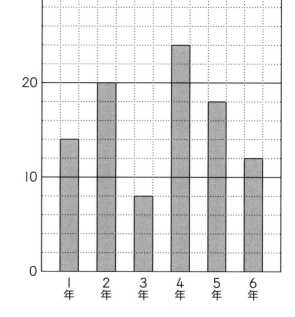

ほけん室に来た人数

① グラフの1めもりは，何人を表していますか。

（　　　　　）

② 次の学年の人数は，それぞれ何人ですか。

1年（　　　　　）

5年（　　　　　）

③ 先月ほけん室に来た人数は，全部で何人ですか。　　（　　　　　）

④ 4年でほけん室に来た人数は，3年でほけん室に来た人数の何倍ですか。　　（　　　　　）

⑤ ほけん室に来た人数がいちばん少ないのは，何年ですか。　　（　　　　　）

⑥ 2年でほけん室に来た人数は，6年でほけん室に来た人数より何人多いですか。　　（　　　　　）

● 朝と昼に学校の前を通った乗り物の数を調べ，ぼうグラフに表しました。次のグラフをくらべましょう。

① 下の㋐，㋑のぼうグラフは，朝に学校の前を通った乗り物の数を表したものです。台数の多い，少ないがはっきりしているのは，どちらですか。

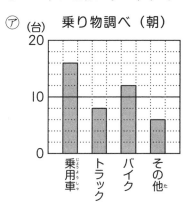
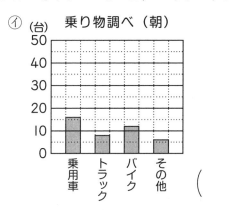

（　　）

② 下の㋒，㋓のぼうグラフのうち，朝と昼をあわせて，どの乗り物が多く通ったのかがわかりやすいのは，どちらですか。

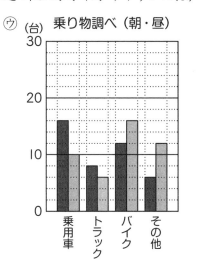
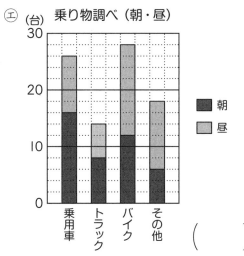

■ 朝
■ 昼

（　　）

● 下の表は，3年生の1組，2組，3組で，すきなきゅう食のメニューを調べたものです。

すきなきゅう食（1組）

しゅるい	人数(人)
カレーライス	15
からあげ	8
ちらしずし	4
その他	3
合計	

すきなきゅう食（2組）

しゅるい	人数(人)
カレーライス	10
からあげ	9
ちらしずし	8
その他	2
合計	

すきなきゅう食（3組）

しゅるい	人数(人)
カレーライス	8
からあげ	11
ちらしずし	7
その他	3
合計	

① それぞれの組の合計の人数を，上の表に書きましょう。

② 上の3つの表を，下の1つの表にまとめます。あいているところにあてはまる数を書きましょう。

3年生のすきなきゅう食　（人）

しゅるい ＼ 組	1組	2組	3組	合計
カレーライス	15			
からあげ		㋐	11	
ちらしずし		8		㋑
その他				
合計				

③ 表の㋐，㋑に入る数は，それぞれ何を表していますか。

㋐（　　　　　　　　　　　　　　　　）

㋑（　　　　　　　　　　　　　　　　）

● 下の表は，3年生が先週，家で読んだ本についてまとめたものです。

読んだ本調べ

しゅるい	物語	絵本	でん記	図かん	その他	合計
数（さつ）	18	12	6	10	8	54

① 上の表を，ぼうグラフに表しましょう。

多いじゅんに書こう。

（　）

② 物語の数は，でん記の数の何倍ですか。

（　　　　）

③ でん記の数の，2倍の数になっている本のしゅるいは何ですか。

（　　　　）

④ 絵本の数は，図かんの数より何さつ多いですか。

（　　　　）

● 下の表は，運動会でやりたいしゅもくを，3年生の1組，2組，3組で調べたものです。

運動会でやりたいしゅもく調べ　　　　（人）

しゅもく　　組	1組	2組	3組	合計
つな引き	6	10	9	（　　）
玉入れ	8	9	5	（　　）
大玉転がし	15	7	11	（　　）
その他	1	3	4	（　　）
合計	（　　）	（　　）	（　　）	88

① 上の表の（　）にあてはまる数を書きましょう。

② 2組で，いちばんやりたい人が多いしゅもくは何ですか。　　（　　　　　　　）

③ 3年生で，いちばんやりたい人が多いしゅもくは何ですか。　　（　　　　　　　）

④ 3年生は全部で何人ですか。　　（　　　　　　　）

18 まとめのテスト
ぼうグラフと表

名前

[知識・技能]

1 先週、まやさんが家でピアノの練習をした時間を、下のぼうグラフに表しました。

家でピアノの練習をした時間

① グラフの1めもりは、何分ですか。(10)

（　　　）

② いちばん長い時間練習したのは、何曜日で、何分ですか。(5×2)

曜日（　　　）　時間（　　　）

③ 2番目に長い時間練習したのは、何曜日で、何分ですか。(5×2)

曜日（　　　）　時間（　　　）

2 下のぼうグラフで、1めもりが表している大きさと、ぼうが表している大きさを書きましょう。(10×2)

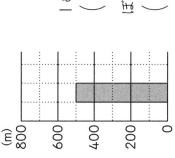

1めもりの大きさ

（　　　）m

ぼうの大きさ

（　　　）m

[思考・判断・表現]

3 下のぼうグラフは、家でかいたい動物を調べたものです。

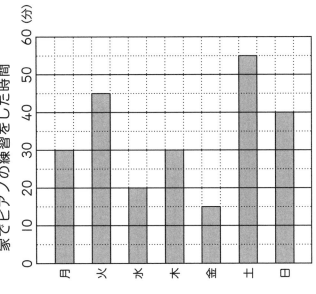

かいたい動物調べ

① グラフの1めもりは、何人を表していますか。(10)

（　　　）

② 犬の人数は、うさぎの人数の何倍ですか。(10)

（　　　）

③ ねこの人数は、うさぎの人数より何人多いですか。(10)

（　　　）

4 下の表は、9月、10月、11月のけがのしゅるいと人数を調べたものです。

けがのしゅるいと人数調べ　　　　（人）

	9月	10月	11月	合計
すりきず	5	8	6	（　）
切りきず	3	2	㋐4	9
打ぼく	4	（　）	5	12
合計	12	13	15	40

① （　）にあてはまる数を書きましょう。(5×2)

② 表の㋐の数は、何を表していますか。(10)

（　　　）

① 5本の木が，8mごとに，1列にならんで植えられています。
両はしの木と木の間は，何mはなれていますか。
木を・として，図に表して考えます。（　）にあてはまる数を書きましょう。

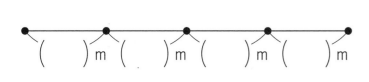

(　)m (　)m (　)m (　)m

木と木の間の数は(　　　)つだから

8 × (　　) = (　　)　　　　　　答え (　　　)m

② 道にそって，15mごとに木が植えてあります。あおいさんは，1本めから9本めまで走ります。あおいさんは，何m走ることになりますか。

式

　　　　　　　　　　　　答え　　　　　　　

③ 3mずつ間をあけて，12人の子どもが1列にならびました。いちばん前の子どもから，いちばん後ろの子どもまで，何mはなれていますか。

式

　　　　　　　　　　　　答え　　　　　　　

① まるい形をした池のまわりに，木が8mごとに，5本立っています。
この池のまわりを1しゅうすると，何mになりますか。
木を・として，図に表して考えます。（　）にあてはまる数を書きましょう。

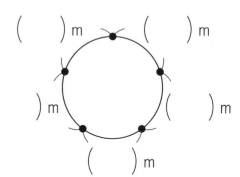

(　)m (　)m

(　)m (　)m

(　)m

木と木の間の数は(　　　)つだから

8 × (　　) = (　　)　　　　　　答え (　　　)m

② まるい形をした池のまわりに，はたが10mごとに，14本立てられています。
この池のまわりを1しゅうすると，何mになりますか。

式

　　　　　　　　　　　　答え　　　　　　　

③ まるい形をした花だんのまわりに，2mごとに，くいを18本打ちました。
この花だんのまわりの長さは何mですか。

式

　　　　　　　　　　　　答え

月　日

計算練習（1）
わり算

名前

① 35 ÷ 5 =	② 27 ÷ 9 =	③ 18 ÷ 6 =	④ 7 ÷ 1 =
⑤ 27 ÷ 3 =	⑥ 10 ÷ 5 =	⑦ 3 ÷ 1 =	⑧ 12 ÷ 4 =
⑨ 2 ÷ 2 =	⑩ 42 ÷ 7 =	⑪ 35 ÷ 7 =	⑫ 6 ÷ 2 =
⑬ 14 ÷ 7 =	⑭ 9 ÷ 1 =	⑮ 15 ÷ 5 =	⑯ 12 ÷ 6 =
⑰ 30 ÷ 6 =	⑱ 49 ÷ 7 =	⑲ 12 ÷ 3 =	⑳ 3 ÷ 3 =
㉑ 6 ÷ 3 =	㉒ 14 ÷ 2 =	㉓ 36 ÷ 9 =	㉔ 16 ÷ 2 =
㉕ 32 ÷ 8 =	㉖ 2 ÷ 1 =	㉗ 25 ÷ 5 =	㉘ 4 ÷ 2 =
㉙ 21 ÷ 3 =	㉚ 20 ÷ 4 =	㉛ 15 ÷ 3 =	㉜ 36 ÷ 4 =
㉝ 4 ÷ 1 =	㉞ 24 ÷ 6 =	㉟ 42 ÷ 6 =	㊱ 48 ÷ 8 =
㊲ 48 ÷ 6 =	㊳ 5 ÷ 5 =	㊴ 9 ÷ 3 =	㊵ 18 ÷ 9 =
㊶ 18 ÷ 2 =	㊷ 12 ÷ 2 =	㊸ 72 ÷ 8 =	㊹ 40 ÷ 5 =
㊺ 63 ÷ 9 =	㊻ 16 ÷ 8 =	㊼ 7 ÷ 7 =	㊽ 63 ÷ 7 =
㊾ 32 ÷ 4 =	㊿ 6 ÷ 1 =	(51) 28 ÷ 4 =	(52) 8 ÷ 2 =
(53) 54 ÷ 6 =	(54) 8 ÷ 8 =	(55) 45 ÷ 9 =	(56) 4 ÷ 4 =
(57) 1 ÷ 1 =	(58) 21 ÷ 7 =	(59) 18 ÷ 3 =	(60) 28 ÷ 7 =
(61) 8 ÷ 4 =	(62) 24 ÷ 3 =	(63) 54 ÷ 9 =	(64) 5 ÷ 1 =
(65) 24 ÷ 4 =	(66) 30 ÷ 5 =	(67) 36 ÷ 6 =	(68) 6 ÷ 6 =
(69) 40 ÷ 8 =	(70) 64 ÷ 8 =	(71) 24 ÷ 8 =	(72) 56 ÷ 8 =
(73) 9 ÷ 9 =	(74) 45 ÷ 5 =	(75) 81 ÷ 9 =	
(76) 72 ÷ 9 =	(77) 16 ÷ 4 =	(78) 20 ÷ 5 =	□ 問 / 81 問（もん）
(79) 8 ÷ 1 =	(80) 56 ÷ 7 =	(81) 10 ÷ 2 =	

月　日

計算練習（2）
わり算

名前

① 36 ÷ 6 =	② 30 ÷ 5 =	③ 24 ÷ 6 =	④ 40 ÷ 8 =
⑤ 24 ÷ 4 =	⑥ 54 ÷ 9 =	⑦ 8 ÷ 4 =	⑧ 9 ÷ 1 =
⑨ 4 ÷ 2 =	⑩ 24 ÷ 3 =	⑪ 6 ÷ 6 =	⑫ 16 ÷ 2 =
⑬ 16 ÷ 8 =	⑭ 16 ÷ 4 =	⑮ 45 ÷ 5 =	⑯ 27 ÷ 3 =
⑰ 5 ÷ 1 =	⑱ 1 ÷ 1 =	⑲ 42 ÷ 7 =	⑳ 20 ÷ 5 =
㉑ 21 ÷ 7 =	㉒ 8 ÷ 2 =	㉓ 20 ÷ 4 =	㉔ 21 ÷ 3 =
㉕ 5 ÷ 5 =	㉖ 35 ÷ 5 =	㉗ 81 ÷ 9 =	㉘ 14 ÷ 7 =
㉙ 14 ÷ 2 =	㉚ 10 ÷ 2 =	㉛ 15 ÷ 5 =	㉜ 36 ÷ 9 =
㉝ 3 ÷ 3 =	㉞ 8 ÷ 8 =	㉟ 63 ÷ 9 =	㊱ 7 ÷ 7 =
㊲ 18 ÷ 6 =	㊳ 28 ÷ 7 =	㊴ 6 ÷ 1 =	㊵ 25 ÷ 5 =
㊶ 6 ÷ 3 =	㊷ 3 ÷ 1 =	㊸ 56 ÷ 7 =	㊹ 48 ÷ 6 =
㊺ 18 ÷ 2 =	㊻ 49 ÷ 7 =	㊼ 9 ÷ 3 =	㊽ 6 ÷ 2 =
㊾ 7 ÷ 1 =	㊿ 2 ÷ 2 =	(51) 12 ÷ 4 =	(52) 72 ÷ 9 =
(53) 42 ÷ 6 =	(54) 56 ÷ 8 =	(55) 30 ÷ 6 =	(56) 4 ÷ 1 =
(57) 18 ÷ 9 =	(58) 12 ÷ 6 =	(59) 4 ÷ 4 =	(60) 15 ÷ 3 =
(61) 10 ÷ 5 =	(62) 48 ÷ 8 =	(63) 27 ÷ 9 =	(64) 24 ÷ 8 =
(65) 12 ÷ 2 =	(66) 18 ÷ 3 =	(67) 32 ÷ 4 =	(68) 54 ÷ 6 =
(69) 2 ÷ 1 =	(70) 40 ÷ 5 =	(71) 63 ÷ 7 =	(72) 72 ÷ 8 =
(73) 35 ÷ 7 =	(74) 12 ÷ 3 =	(75) 36 ÷ 4 =	
(76) 28 ÷ 4 =	(77) 8 ÷ 1 =	(78) 45 ÷ 9 =	□ 問 / 81 問（もん）
(79) 32 ÷ 8 =	(80) 64 ÷ 8 =	(81) 9 ÷ 9 =	

計算練習（3）
たし算とひき算の筆算

名前

① 63 + 878　② 758 + 872　③ 257 + 162　④ 476 + 19

⑤ 4285 + 2574　⑥ 526 + 358　⑦ 198 + 409　⑧ 362 + 422

⑨ 765 − 231　⑩ 523 − 367　⑪ 405 − 158　⑫ 1000 − 351

⑬ 328 − 155　⑭ 7625 − 2753　⑮ 652 − 161　⑯ 716 − 525

計算練習（4）
たし算とひき算の筆算

名前

① 261 + 332　② 239 + 227　③ 67 + 191　④ 725 + 199

⑤ 528 + 76　⑥ 659 + 595　⑦ 8258 + 1395　⑧ 49 + 296

⑨ 602 − 347　⑩ 823 − 5　⑪ 420 − 157　⑫ 2072 − 85

⑬ 465 − 153　⑭ 308 − 196　⑮ 467 − 58　⑯ 1000 − 82

計算練習（5）
あまりのあるわり算

名前

① 16 ÷ 5 ＝　あまり　② 20 ÷ 3 ＝　あまり　③ 52 ÷ 6 ＝　あまり

④ 83 ÷ 9 ＝　あまり　⑤ 32 ÷ 7 ＝　あまり　⑥ 11 ÷ 2 ＝　あまり

⑦ 30 ÷ 4 ＝　あまり　⑧ 60 ÷ 8 ＝　あまり　⑨ 23 ÷ 5 ＝　あまり

⑩ 9 ÷ 2 ＝　あまり　⑪ 15 ÷ 6 ＝　あまり　⑫ 73 ÷ 8 ＝　あまり

⑬ 34 ÷ 6 ＝　あまり　⑭ 26 ÷ 8 ＝　あまり　⑮ 40 ÷ 9 ＝　あまり

⑯ 46 ÷ 5 ＝　あまり　⑰ 66 ÷ 7 ＝　あまり　⑱ 25 ÷ 4 ＝　あまり

⑲ 10 ÷ 7 ＝　あまり　⑳ 32 ÷ 5 ＝　あまり　㉑ 3 ÷ 2 ＝　あまり

㉒ 19 ÷ 2 ＝　あまり　㉓ 57 ÷ 6 ＝　あまり　㉔ 17 ÷ 7 ＝　あまり

㉕ 65 ÷ 8 ＝　あまり　㉖ 43 ÷ 5 ＝　あまり　㉗ 10 ÷ 3 ＝　あまり

㉘ 24 ÷ 7 ＝　あまり　㉙ 15 ÷ 4 ＝　あまり　㉚ 46 ÷ 6 ＝　あまり

㉛ 16 ÷ 3 ＝　あまり　㉜ 43 ÷ 8 ＝　あまり　㉝ 54 ÷ 7 ＝　あまり

㉞ 52 ÷ 9 ＝　あまり　㉟ 19 ÷ 9 ＝　あまり　㊱ 20 ÷ 6 ＝　あまり

㊲ 25 ÷ 7 ＝　あまり　㊳ 22 ÷ 8 ＝　あまり　㊴ 27 ÷ 5 ＝　あまり

㊵ 31 ÷ 6 ＝　あまり　㊶ 21 ÷ 4 ＝　あまり　㊷ 33 ÷ 4 ＝　あまり

㊸ 38 ÷ 4 ＝　あまり　㊹ 35 ÷ 9 ＝　あまり　㊺ 19 ÷ 8 ＝　あまり

㊻ 66 ÷ 9 ＝　あまり　㊼ 12 ÷ 8 ＝　あまり　㊽ 13 ÷ 5 ＝　あまり

㊾ 34 ÷ 8 ＝　あまり　㊿ 8 ÷ 3 ＝　あまり　51 21 ÷ 9 ＝　あまり

52 38 ÷ 9 ＝　あまり　53 46 ÷ 7 ＝　あまり　54 50 ÷ 6 ＝　あまり

55 5 ÷ 3 ＝　あまり　56 54 ÷ 8 ＝　あまり　57 11 ÷ 4 ＝　あまり

58 19 ÷ 5 ＝　あまり　59 26 ÷ 9 ＝　あまり　60 36 ÷ 7 ＝　あまり

計算練習（6）
あまりのあるわり算

名前

① 12 ÷ 5 ＝　あまり　② 16 ÷ 7 ＝　あまり　③ 10 ÷ 4 ＝　あまり

④ 32 ÷ 9 ＝　あまり　⑤ 26 ÷ 3 ＝　あまり　⑥ 29 ÷ 6 ＝　あまり

⑦ 5 ÷ 2 ＝　あまり　⑧ 45 ÷ 7 ＝　あまり　⑨ 48 ÷ 9 ＝　あまり

⑩ 28 ÷ 8 ＝　あまり　⑪ 23 ÷ 9 ＝　あまり　⑫ 57 ÷ 8 ＝　あまり

⑬ 12 ÷ 9 ＝　あまり　⑭ 10 ÷ 6 ＝　あまり　⑮ 14 ÷ 3 ＝　あまり

⑯ 7 ÷ 3 ＝　あまり　⑰ 18 ÷ 5 ＝　あまり　⑱ 37 ÷ 4 ＝　あまり

⑲ 41 ÷ 6 ＝　あまり　⑳ 67 ÷ 8 ＝　あまり　㉑ 70 ÷ 9 ＝　あまり

㉒ 65 ÷ 7 ＝　あまり　㉓ 29 ÷ 3 ＝　あまり　㉔ 31 ÷ 8 ＝　あまり

㉕ 13 ÷ 4 ＝　あまり　㉖ 52 ÷ 8 ＝　あまり　㉗ 7 ÷ 2 ＝　あまり

㉘ 56 ÷ 9 ＝　あまり　㉙ 40 ÷ 7 ＝　あまり　㉚ 31 ÷ 5 ＝　あまり

㉛ 23 ÷ 4 ＝　あまり　㉜ 17 ÷ 8 ＝　あまり　㉝ 32 ÷ 6 ＝　あまり

㉞ 50 ÷ 7 ＝　あまり　㉟ 13 ÷ 2 ＝　あまり　㊱ 26 ÷ 7 ＝　あまり

㊲ 59 ÷ 9 ＝　あまり　㊳ 29 ÷ 5 ＝　あまり　㊴ 18 ÷ 4 ＝　あまり

㊵ 14 ÷ 6 ＝　あまり　㊶ 52 ÷ 6 ＝　あまり　㊷ 42 ÷ 8 ＝　あまり

㊸ 11 ÷ 3 ＝　あまり　㊹ 49 ÷ 5 ＝　あまり　㊺ 58 ÷ 7 ＝　あまり

㊻ 61 ÷ 8 ＝　あまり　㊼ 65 ÷ 9 ＝　あまり　㊽ 38 ÷ 9 ＝　あまり

㊾ 45 ÷ 8 ＝　あまり　㊿ 11 ÷ 8 ＝　あまり　51 19 ÷ 3 ＝　あまり

52 17 ÷ 2 ＝　あまり　53 29 ÷ 4 ＝　あまり　54 58 ÷ 6 ＝　あまり

55 30 ÷ 7 ＝　あまり　56 44 ÷ 9 ＝　あまり　57 36 ÷ 5 ＝　あまり

58 22 ÷ 5 ＝　あまり　59 21 ÷ 6 ＝　あまり　60 61 ÷ 7 ＝　あまり

計算練習（7）
1けたをかけるかけ算

名前

① 237 × 2　② 367 × 2　③ 22 × 3　④ 67 × 6

⑤ 15 × 7　⑥ 180 × 5　⑦ 36 × 2　⑧ 504 × 3

⑨ 48 × 5　⑩ 625 × 3　⑪ 825 × 3　⑫ 42 × 3

⑬ 192 × 7　⑭ 306 × 7　⑮ 53 × 4　⑯ 132 × 3

計算練習（8）
1けたをかけるかけ算

名前

① 92 × 7　② 314 × 6　③ 78 × 8　④ 143 × 4

⑤ 223 × 3　⑥ 458 × 5　⑦ 67 × 4　⑧ 14 × 8

⑨ 33 × 3　⑩ 45 × 2　⑪ 603 × 8　⑫ 536 × 6

⑬ 53 × 3　⑭ 123 × 4　⑮ 76 × 7　⑯ 230 × 4

計算練習（9）
小数のたし算とひき算

① 2.3 + 3.2　② 2.7 + 4.3　③ 5 + 2.4　④ 6.5 + 2.6

⑤ 4.6 + 25　⑥ 6.8 + 4　⑦ 4.3 + 2.8　⑧ 3.4 + 5.8

⑨ 6.7 − 4.8　⑩ 7.3 − 6.9　⑪ 6.1 − 4　⑫ 26 − 3.5

⑬ 4.3 − 2.1　⑭ 3.4 − 2.6　⑮ 5.2 − 3.7　⑯ 4 − 1.3

計算練習（10）
小数のたし算とひき算

① 3.8 + 2.4　② 5.9 + 33　③ 4.7 + 8　④ 2 + 1.6

⑤ 5.2 + 3.7　⑥ 4.2 + 3.8　⑦ 6.4 + 1.9　⑧ 7.4 + 1.6

⑨ 7.8 − 4.2　⑩ 5.1 − 2.8　⑪ 3.2 − 2.7　⑫ 35 − 3.1

⑬ 6.3 − 1.5　⑭ 4.9 − 2　⑮ 8.6 − 7.8　⑯ 3.1 − 1.8

① $\dfrac{1}{3} + \dfrac{2}{3} =$

② $\dfrac{2}{8} + \dfrac{3}{8} =$

③ $\dfrac{4}{6} + \dfrac{1}{6} =$

④ $\dfrac{1}{2} + \dfrac{1}{2} =$

⑤ $\dfrac{4}{9} + \dfrac{2}{9} =$

⑥ $\dfrac{2}{5} + \dfrac{2}{5} =$

⑦ $\dfrac{1}{4} + \dfrac{2}{4} =$

⑧ $\dfrac{3}{7} + \dfrac{4}{7} =$

⑨ $\dfrac{4}{5} - \dfrac{1}{5} =$

⑩ $1 - \dfrac{2}{6} =$

⑪ $1 - \dfrac{3}{8} =$

⑫ $\dfrac{8}{9} - \dfrac{6}{9} =$

⑬ $\dfrac{4}{7} - \dfrac{2}{7} =$

⑭ $1 - \dfrac{1}{4} =$

⑮ $\dfrac{2}{3} - \dfrac{1}{3} =$

⑯ $1 - \dfrac{5}{7} =$

① $\dfrac{5}{9} + \dfrac{3}{9} =$

② $\dfrac{3}{6} + \dfrac{1}{6} =$

③ $\dfrac{3}{4} + \dfrac{1}{4} =$

④ $\dfrac{3}{8} + \dfrac{3}{8} =$

⑤ $\dfrac{1}{3} + \dfrac{1}{3} =$

⑥ $\dfrac{1}{7} + \dfrac{2}{7} =$

⑦ $\dfrac{1}{5} + \dfrac{2}{5} =$

⑧ $\dfrac{2}{4} + \dfrac{2}{4} =$

⑨ $1 - \dfrac{1}{2} =$

⑩ $\dfrac{7}{8} - \dfrac{3}{8} =$

⑪ $\dfrac{5}{7} - \dfrac{3}{7} =$

⑫ $1 - \dfrac{2}{3} =$

⑬ $\dfrac{2}{4} - \dfrac{1}{4} =$

⑭ $1 - \dfrac{2}{5} =$

⑮ $\dfrac{4}{6} - \dfrac{3}{6} =$

⑯ $\dfrac{5}{9} - \dfrac{2}{9} =$

月　日

計算練習（13）

2けたをかけるかけ算

名前

① 23 × 12

② 24 × 23

③ 42 × 13

④ 38 × 45

⑤ 615 × 14

⑥ 227 × 62

⑦ 702 × 75

⑧ 74 × 50

⑨ 6 × 63

月　日

計算練習（14）

2けたをかけるかけ算

名前

① 412 × 23

② 324 × 66

③ 38 × 12

④ 15 × 52

⑤ 13 × 21

⑥ 51 × 26

⑦ 42 × 17

⑧ 9 × 37

⑨ 802 × 30

🌱 3年のふくしゅう (1)

名前

① 下の数直線の，いちばん小さい1めもりの数と，⑦〜①のめもりが
表している数を書きましょう。

①
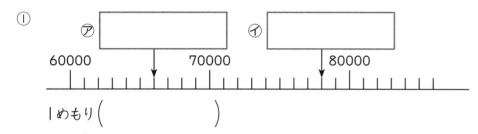

1めもり（　　　　　　）

②
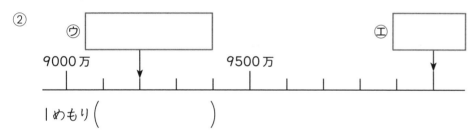

1めもり（　　　　　　）

② 筆算でしましょう。

① 364 + 428　② 128 + 572　③ 439 + 266　④ 5837 + 1692

⑤ 872 − 265　⑥ 627 − 389　⑦ 401 − 163　⑧ 8204 − 5687

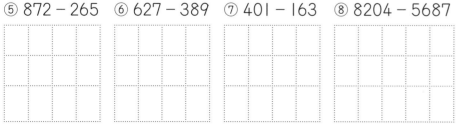

🌱 3年のふくしゅう (2)

名前

① 筆算でしましょう。

① 35 × 8　② 73 × 6　③ 538 × 4　④ 498 × 5

  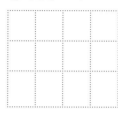 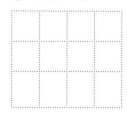

⑤ 54 × 79　⑥ 296 × 87　⑦ 709 × 38

② 220mL 入りのジュースを，8本買います。1本76円です。

① 代金はいくらですか。

式

答え _____

② 全部で何mL ですか。

式

答え _____

🌱 3年のふくしゅう（3）

名前

1 計算をしましょう。

① 56 ÷ 7 ＝

② 47 ÷ 5 ＝

③ 78 ÷ 9 ＝

④ 63 ÷ 8 ＝

⑤ 28 ÷ 4 ＝

⑥ 96 ÷ 3 ＝

あまりがあるときは，あまりも書くよ。

2 ケーキが 26 こあります。1 箱に 3 こずつ入れていきます。
全部のケーキを入れるには，箱は何箱いりますか。

式

答え

3 パイが 40 こあります。5 人に同じ数ずつ分けると，1 人分は何こになりますか。

式

答え

4 紙コップを 2 こ使って，けん玉を作ります。
紙コップは 9 こあります。けん玉は何こ作れますか。

式

答え

🌱 3年のふくしゅう（4）

名前

1 白，ピンク，むらさきのリボンがあります。白のリボンの長さは 6cm，ピンクのリボンの長さは 36cm です。

① 白のリボンの 3 倍の長さは何 cm ですか。

式

答え

② ピンクのリボンの長さは，白のリボンの長さの何倍ですか。

式

答え

③ ピンクのリボンの長さは，むらさきのリボンの長さの 4 倍です。
むらさきのリボンの長さは何 cm ですか。

式

答え

2 （　）にあてはまる数を書きましょう。

① 1 を 4 こと，0.1 を 5 こあわせた数は（　　　　）です。

② 3.8L は，0.1L を（　　　　）に集めたかさです。

③ $\frac{4}{7}$ m は，$\frac{1}{7}$ m を（　　　　）に集めた長さです。

④ $\frac{1}{3}$ の 5 こ分は（　　　　）です。

3年のふくしゅう (5)
名前

3年のふくしゅう (6)
名前

□1 色をぬったところの長さは，何mですか。分数で表しましょう。

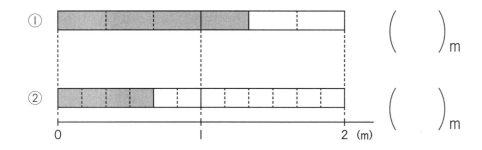

①（　　）m

②（　　）m

● 次の円をかきましょう。

① 半径が 3cm5mm

② 直径が 8cm

□2 □にあてはまる等号や不等号を書きましょう。

① 0.6 □ $\frac{8}{10}$

② 0.4 □ $\frac{4}{10}$

③ $\frac{1}{10}$ □ 1

④ $\frac{13}{10}$ □ 0.3

□3 計算をしましょう。

① 2.5 + 0.9 =

② 4.6 + 3.4 =

③ 5.8 + 7 =

④ 12 + 8.2 =

⑤ 6.3 − 2.8 =

⑥ 7 − 0.3 =

⑦ 15 − 3.9 =

⑧ $\frac{3}{4} + \frac{1}{4} =$

⑨ $\frac{6}{7} - \frac{5}{7} =$

⑩ $1 - \frac{2}{10} =$

● 次の三角形をかきましょう。

① 1辺の長さが 4cm の
正三角形

② 辺の長さが 5cm, 6cm,
6cm の二等辺三角形

③ 辺の長さが 6cm5mm, 6cm5mm, 8cm の二等辺三角形

1 ㋐と㋑は, どちらが長いですか。コンパスを使って, ㋐の線を, ㋑の直線にうつしとって調べましょう。

（　　　）

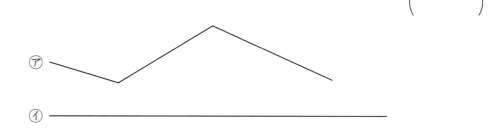

2 下の図形を見て, 答えましょう。

㋐ 円　　　　㋑（　　　　　）　　㋒ 二等辺三角形

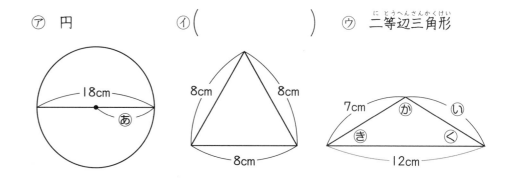

① ㋑のような三角形を何といいますか。上の（　）に書きましょう。

② ㋐, ㋑の長さは, それぞれ何cmですか。

㋐（　　　　　）　㋑（　　　　　）

③ ㋖の角と同じ大きさの角は, どれですか。

（　　　）

3年のふくしゅう (9)

1　右のように，箱に，直径8cmの
　ボールがぴったり入っています。

横

たて

① ボールは何こ入っていますか。

式

答え ＿＿＿＿＿＿

② 箱のたての長さと横の長さをもとめましょう。

式

答え たて(　　　　) cm, 横(　　　　) cm

2　(　　)にあてはまる数を書きましょう。

① 80秒 ＝(　　　　)分(　　　　)秒

② 100分 ＝(　　　　)時間(　　　　)分

③ 3km80m ＝(　　　　) m

④ 1350m ＝(　　　　) km(　　　　) m

⑤ 2kg40g ＝(　　　　) g

⑥ 4600g ＝(　　　　) kg(　　　　) g

3年のふくしゅう (10)

1　はりのさしている重さを(　　)に書きましょう。

①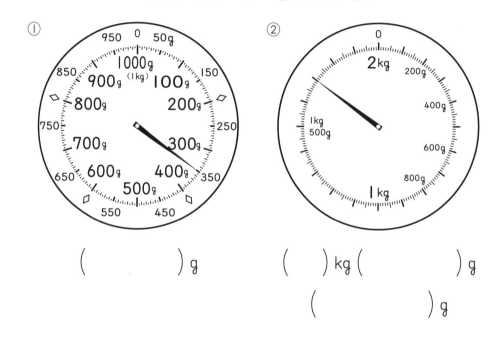

②

(　　　　　　) g

(　　) kg (　　　　) g

(　　　　　　) g

2　重さ300gのかごに，1この重さが125gのみかんを20こ入れ
　ます。全体の重さは，何kg何gですか。

式

答え ＿＿＿＿＿＿

🌱 3年のふくしゅう (11)

名前

🌱 3年のふくしゅう (12)

名前

---

① なおやさんの家から動物園まで50分かかります。

① 家を10時20分に出ると，
動物園には何時何分に着きますか。　（　　　　　　　）

② 動物園に10時15分に着くには，
何時何分に家を出ればよいですか。　（　　　　　　　）

② 右の地図を見て，答えましょう。

① 家から学校までのきょりは
何mですか。

（　　　　　　　）m

② 家から学校までの，道のり
は何mですか。また，何km
何mですか。

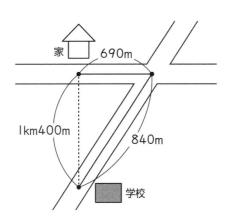

式

答え（　　　　　）m，（　　）km（　　　　）m

③ 家から学校までの，きょりと道のりのちがいは何mですか。

式

答え＿＿＿＿＿＿＿

● 下の表は，3年2組で，すきなパンを調べてまとめたものです。

① この表を，ぼうグラフに
表しましょう。

すきなパン調べ

しゅるい	人数（人）
メロンパン	8
カレーパン	5
クロワッサン	9
あんパン	4
その他	3
合計	29

② すきな人数がいちばん多いパンは
何ですか。　（　　　　　　　）

③ メロンパンの人数は，
カレーパンの人数より，何人多いですか。　（　　　　　　　）

④ メロンパンの人数は，
あんパンの人数の何倍ですか。　（　　　　　　　）

P.4

11 円と球　円 (1)　名前

① 右の図を見て，（　）にあてはまることばや数を書きましょう。

① １つの点から長さが同じになるようにかいたまるい形を，（ **円** ）といいます。

② 真ん中の点アを，円の（ **中心** ）といいます。

③ 真ん中の点から円のまわりまでひいた直線イを，（ **半径** ）といいます。

④ 真ん中の点を通るように，円のまわりからまわりまでひいた直線ウを，（ **直径** ）といいます。

⑤ 直径の長さは，半径の（ **2** ）倍です。

⑥ 直径どうしは，円の（ **中心** ）で交わります。

② 下の円の中にひいた直線で，いちばん長い直線は⑦～⑦のどれですか。

（ **イ** ）

11 円と球　円 (2)　名前

● 次の円の直径と半径はそれぞれ何cmですか。

① 半径（ **6** ）cm　直径（ **12** ）cm

② 半径（ **9** ）cm　直径（ **18** ）cm

③ 半径 4cm5mm の円の直径　（ **9** ）cm

④ 直径 22cm の円の半径　（ **11** ）cm

⑤ 大きい円の半径（ **8** ）cm　大きい円の直径（ **16** ）cm

P.5

11 円と球　円 (3)　名前

● コンパスを使って，次の円をかきましょう。

① 半径 2cm5mm の円

略

② 直径 8cm の円

略

直径 8cm なので，半径は 4cm だね。

11 円と球　円 (4)　名前

● コンパスを使って，次のもようをかきましょう。

①

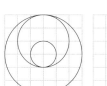

略

②

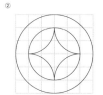

略

P.6

11 円と球　円 (5)　名前

① ⑦の線と，⑦の直線は，どちらが長いですか。コンパスを使って，⑦の長さを⑦にうつしとって調べましょう。

略

（ **イ** ）

② 下の直線で，いちばん長いのはどれですか。コンパスを使って調べましょう。

（ **イ** ）

③ コンパスを使って，下の直線を 2cm ずつに区切りましょう。

略

11 円と球　円 (6)　名前

● 下の地図は，あみさんの家の近所を表したものです。あみさんの家の近所の店について，コンパスで調べましょう。

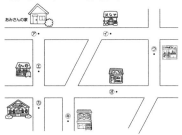

① あみさんの家（⑦）からのきょりがいちばん長い店は，⑦～⑦のどれですか。

（ **ウ** ）

② あみさんの家（⑦）から同じきょりにある店は，⑦～⑦のどれとどれですか。

（ **イ** ）（ **カ** ）

③ ケーキやさん（⑦）からも，パンやさん（⑦）からも，地図で4cmのきょりにある店は，⑦，⑦，⑦のどれですか。

（ **キ** ）

P.7

11 円と球　球　名前

① 球を切って，切り口を調べます。（　）にあてはまることばを書きましょう。

① 球のどこを切っても，切り口は（ **円** ）になります。

② 球の切り口は，（ **半分** ）に切ったとき，いちばん大きくなります。

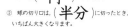

② 下の図は，球を真ん中で半分に切ったところです。ア，イ，ウの名前を（　）に書きましょう。

ア（ **中心** ）
イ（ **半径** ）
ウ（ **直径** ）

③ 右のように，半径 6cm のボールが２こぴったり入っている箱があります。

① ボールの直径は，何cmですか。（ **12** ）cm

② 箱の横の長さは，何cmですか。（ **12** ）cm

③ 箱のたての長さは，何cmですか。（ **24** ）cm

11 ふりかえり・たしかめ (1)　円と球　名前

① 右の図を見て，答えましょう。

① ア，イ，ウの名前を（　）に書きましょう。

ア（ **中心** ）
イ（ **半径** ）
ウ（ **直径** ）

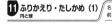

② イの長さが 2cm のとき，ウの長さは何cmですか。（ **4** ）cm

③ ウの長さが 14cm のとき，イの長さは何cmですか。（ **7** ）cm

② （　）にあてはまることばを書きましょう。

① どこから見ても円に見える形を（ **球** ）といいます。

② 右の図のアを球の（ **中心** ），イを（ **半径** ），ウを（ **直径** ）といいます。

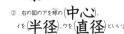

球を半分に切った図

③ 球を真上から見ると，（ **円** ）に見えます。また，真横から見ても，（ **円** ）に見えます。

④ 半径が 9cm の球の直径の長さは（ **18** ）cm です。

P.8

11 ふりかえり・たしかめ (2) 円と球　　名前　　　月　日

● コンパスを使って，次の円をかきましょう。

① 半径3cm5mmの円

略

② 直径6cmの円

略

11 ふりかえり・たしかめ (3) 円と球　　名前　　　月　日

① 下の⑦〜⑤の４つの三角形は直角三角形です。⑦と形も大きさも同じ直角三角形は，①〜⑤のどれですか。コンパスで辺の長さを調べて答えましょう。

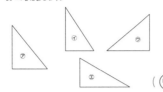

（ ⑦ ）

② 右のように，同じ大きさのボールが８こぴったり箱に入っています。箱の横の長さは20cmです。

① ボールの直径は何cmですか。

式 $20 \div 2 = 10$

答え 10cm

② 箱のたての長さは何cmですか。

式 $10 \times 4 = 40$

答え 40cm

8

P.9

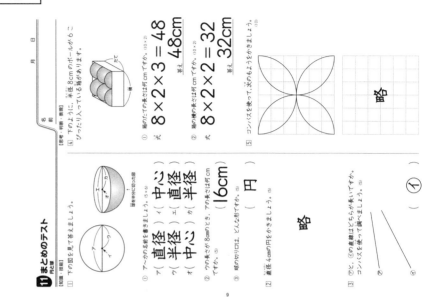

11 まとめのテスト 円と球

① 下の図を見て答えましょう。

⑦（ 直径 ）
①（ 半径 ）
⑦（ 中心 ）

⑦（ 中心 ）
①（ 直径 ）
⑦（ 半径 ）

② ⑦の長さが8cmのとき，⑦の長さは何cmですか。

（ 16cm ）

③ 球の切り口は，どんな形ですか。

（ 円 ）

② 直径4cmの円をかきましょう。

略

③ ⑦と①の直線はどちらが長いですか。コンパスを使って調べましょう。

（ ① ）

● 下のように，半径8cmのボールが6こぴったり入っている箱があります。

① 箱のたての長さは何cmですか。

式 $8 \times 2 \times 3 = 48$　　答え 48cm

② 箱の横の長さは何cmですか。

式 $8 \times 2 \times 2 = 32$　　答え 32cm

③ コンパスを使って，次のもようをかきましょう。

略

9

P.10

12 小数 1より小さい数の表し方 (1)　　名前　　　月　日

● 水のかさは，何Lですか。（ ）にあてはまる数を書きましょう。

1Lを10等分した1こ分のかさを，0.1Lというね。

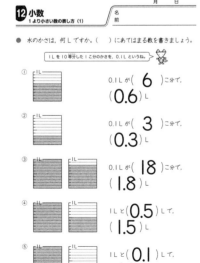

① 0.1Lが（ 6 ）こ分で，（ 0.6 ）L

② 0.1Lが（ 3 ）こ分で，（ 0.3 ）L

③ 0.1Lが（ 18 ）こ分で，（ 1.8 ）L

④ 1Lと（ 0.5 ）Lで，（ 1.5 ）L

⑤ 1Lと（ 0.1 ）Lで，（ 1.1 ）L

12 小数 1より小さい数の表し方 (2)　　名前　　　月　日

① 水のかさだけ色をぬりましょう。

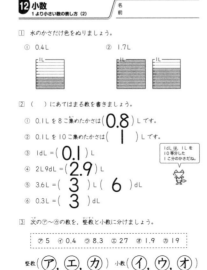

① 0.4L　　② 1.7L

② （ ）にあてはまる数を書きましょう。

① 0.1Lを8こ集めたかさは（ 0.8 ）Lです。

② 0.1Lを10こ集めたかさは（ 1 ）Lです。

③ 1dL=（ 0.1 ）L

④ 2L9dL=（ 2.9 ）L

⑤ 3.6L=（ 3 ）L（ 6 ）dL

⑥ 0.3L=（ 3 ）dL

1dLは，1Lを10等分した1こ分のかさだね。

③ 次の⑦〜⑦の数を，整数と小数に分けましょう。

⑦5　①0.4　⑦8.3　①27　⑦1.9　⑦19

整数（ ⑦，①，⑦ ）小数（ ①，⑦，⑦ ）

10

P.11

12 小数 1より小さい数の表し方 (3)　　名前　　　月　日

① 下のテープの長さは，何cmですか。

（ 4.7 ）cm

1mmは，1cmを10等分した1こ分の長さだから，0.1cmといえるよ。
1mm=0.1cm

② ★から⑦，①，⑦までの長さは，それぞれ何cmですか。

⑦ 0.8cm　① 3.6cm　⑦ 9.9cm

③ （ ）にあてはまる数を書きましょう。

① 3mm=（ 0.3 ）cm

② 24cm8mm=（ 24.8 ）cm

③ 6.9cm=（ 6 ）cm（ 9 ）mm

④ 101mm=（ 10.1 ）cm

⑤ 4.8cmは，0.1cmの（ 48 ）こ分

⑥ 0.1cmが（ 90 ）こで，9cm

12 小数 1より小さい数の表し方 (4)　　名前　　　月　日

① 次の数直線の⑦〜⑦のめもりが表すかさは，それぞれ何Lですか。また，①〜⑦のめもりが表す長さは，それぞれ何cmですか。

⑦（ 0.1 ）L　①（ 1.6 ）L　⑦（ 2.9 ）L

①（ 0.4 ）cm　⑦（ 1.9 ）cm　⑦（ 3.2 ）cm

② 次の⑦〜①の小数を表す数直線のめもりに，↑をかきましょう。

⑦0.2　①1.3　⑦2.7　①3.1

⑦　①　⑦①

11

P.12

12 小数 1より小さい数の表し方 (5)　名前

① 下の数直線を見て，（　）にあてはまる数を書きましょう。

① 0.9は，0.1を（ 9 ）こ集めた数です。
② 2は，0.1を（ 20 ）こ集めた数です。
③ 2.8は，0.1を（ 28 ）こ集めた数です。
④ 0.1を16こ集めた数は（ 1.6 ）です。
⑤ 0.1を34こ集めた数は（ 3.4 ）です。

数直線を使うとわかりやすいね。

② （　）にあてはまる数を書きましょう。
① 0.6Lは，0.1Lの（ 6 ）こ分
② 5.7Lは，0.1Lの（ 57 ）こ分
③ 1.2cmは，0.1cmの（ 12 ）こ分
④ 3.6cmは，0.1cmの（ 36 ）こ分

12 小数 小数のしくみ (1)　名前

● 次の数について，（　）にあてはまる数を書きましょう。
① 164.7
164.7は，100を（ 1 ）こ，10を（ 6 ）こ，
1を（ 4 ）こ，0.1を（ 7 ）こあわせた数です。
164.7の百の位の数字は（ 1 ），十の位の数字は（ 6 ），
一の位の数字は（ 4 ），小数第一位の数字は（ 7 ）です。
② 215.3
215.3は，100を（ 2 ）こ，10を（ 1 ）こ，
1を（ 5 ）こ，0.1を（ 3 ）こあわせた数です。
215.3の百の位の数字は（ 2 ），十の位の数字は（ 1 ），
一の位の数字は（ 5 ），小数第一位の数字は（ 3 ）です。
③ 74.1
74.1は，10を（ 7 ）こ，1を（ 4 ）こ，
0.1を（ 1 ）こあわせた数です。
74.1の十の位の数字は（ 7 ），一の位の数字は（ 4 ），
小数第一位の数字は（ 1 ）です。
④ 38.9
38.9は，10を（ 3 ）こ，1を（ 8 ）こ，
0.1を（ 9 ）こあわせた数です。
38.9の十の位の数字は（ 3 ），一の位の数字は（ 8 ），
小数第一位の数字は（ 9 ）です。

12

P.13

12 小数 小数のしくみ (2)　名前

① 次の⑦～⑰の数を数直線に↑で表し，小さいじゅんに（　）に記号を書きましょう。

⑦ 0.2　⑦ 3.3　⑦ 2.1　⑦ 0.7　⑦ 1.6

0　1　2　3
（ア）（エ）（オ）（ウ）（イ）
（ア）→（エ）→（オ）→（ウ）→（イ）

② □にあてはまる不等号を書きましょう。
① 0 < 0.1　② 0.3 < 0.6
③ 1 > 0.9　④ 6.2 > 5.9
⑤ 2.1 > 2　⑥ 8 < 8.1
⑦ 0.4 < 1.1　⑧ 7.2 > 2.7

上の位から，同じ位どうしの数字の大きさをくらべてもいいね。

12 小数 小数のしくみとたし算，ひき算 (1)　名前

① お茶が，
水とうに0.2L，
ペットボトルに0.4L
入っています。

0.1の（ 2 ）こ分　0.1の（ 4 ）こ分

① 上の図の（　）にあてはまる数を書きましょう。
② お茶はあわせて何Lありますか。

式 0.2 + 0.4 = 0.6
　　　　　　　答え 0.6L

② 計算をしましょう。
① 0.3 + 0.5 = 0.8　② 0.6 + 1.2 = 1.8
③ 0.8 + 0.2 = 1　④ 1.5 + 0.4 = 1.9
⑤ 0.7 + 0.3 = 1　⑥ 2 + 0.9 = 2.9
⑦ 0.5 + 0.6 = 1.1　⑧ 0.4 + 0.7 = 1.1

③ 2，3，4の3まいのカードを，下の式にあてはめます。
⑦にどのカードをあてはめると，答えがいちばん小さくなりますか。

0.□ + □.□　（ 2 ）
　　　⑦

13

P.14

12 小数 小数のしくみとたし算，ひき算 (2)　名前

① 牛にゅうが0.8Lあります。
そのうち，0.2L飲みました。
牛にゅうは何Lのこっていますか。

式 0.8 - 0.2 = 0.6

0.1の何こ分を考えて計算するといいね。

答え 0.6L

② 計算をしましょう。
① 0.6 - 0.4 = 0.2　② 1.8 - 0.6 = 1.2
③ 1 - 0.5 = 0.5　④ 2 - 0.3 = 1.7
⑤ 2.4 - 2 = 0.4　⑥ 1.9 - 1 = 0.9
⑦ 1.2 - 0.8 = 0.4　⑧ 1.1 - 0.9 = 0.2

③ □にあてはまる等号，不等号を書きましょう。
① 0.5 + 0.4 < 0.3 + 0.8
② 1.4 - 0.7 > 1.6 - 1
③ 1 + 0.1 = 1.3 - 0.2

12 小数 小数のしくみとたし算，ひき算 (3)　名前

● 筆算でしましょう。

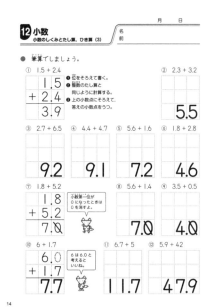

① 1.5 + 2.4
❶ 位をそろえて書く。
❷ 整数のたし算と同じように計算する。
❸ 上の小数点にそろえて，答えの小数点をうつ。

```
  1.5
+ 2.4
  3.9
```
② 2.3 + 3.2　　5.5

③ 2.7 + 6.5　　9.2
④ 4.4 + 4.7　　9.1
⑤ 5.6 + 1.6　　7.2
⑥ 1.8 + 2.8　　4.6

⑦ 1.8 + 5.2
```
  1.8
+ 5.2
  7.0
```
小数第一位が0になったときは0を消します。

⑧ 5.6 + 1.4　　7.0
⑨ 3.5 + 0.5　　4.0

⑩ 6 + 1.7
```
  6.0
+ 1.7
  7.7
```
6は6.0と考えるといいね。

⑪ 6.7 + 5　　11.7
⑫ 5.9 + 42　　47.9

14

P.15

12 小数 小数のしくみとたし算，ひき算 (4)　名前

① 5.8 - 2.4　② 6.3 - 4.1　③ 4.5 - 1.3　④ 7.2 - 3.4
　3.4　　2.2　　3.2　　3.8

⑤ 6.1 - 4.2　⑥ 5.4 - 1.7　⑦ 2.5 - 1.9
　1.9　　3.7　　0.6

答えに0をわすれずに書こう。

⑧ 7.2 - 6.4　⑨ 4.6 - 3.8　⑩ 33 - 1.4
　0.8　　0.8　　31.6

位をそろえて書こう。

⑪ 15 - 1.5　⑫ 8.7 - 6
　13.5　　2.7

小数のたし算と同じように計算しよう。

12 小数 小数のしくみとたし算，ひき算 (5)　名前

① 筆算でしましょう。

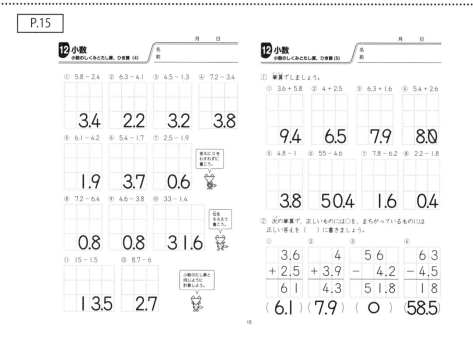

① 3.6 + 5.8　② 4 + 2.5　③ 6.3 + 1.6　④ 5.4 + 2.6
　9.4　　6.5　　7.9　　8.0

⑤ 4.8 - 1　⑥ 55 - 4.6　⑦ 7.8 - 6.2　⑧ 2.2 - 1.8
　3.8　　50.4　　1.6　　0.4

② 次の筆算で，正しいものに○を，まちがっているものには正しい答えを（　）に書きましょう。

①
```
  3.6
+ 2.5
  6 1
```
（ 6.1 ）

②
```
  4
+ 3.9
  4.3
```
（ 7.9 ）

③
```
  5 6
- 4.2
  5 1.8
```
（ ○ ）

④
```
  6 3
- 4.5
  1 8
```
（ 58.5 ）

15

86

P.16

12 小数
小数のいろいろな見方

① 6.7はどのような数ですか。（ ）にあてはまる数を書きましょう。

① 6.7は，6と（ 0.7 ）をあわせた数です。

② 6.7は，1を（ 6 ）こと0.1を（ 7 ）こあわせた数です。

③ 6.7は，0.1を（ 67 ）こ集めた数です。

④ 6.7 = 6 + （ 0.7 ）

⑤ 6.7 = 7 - （ 0.3 ）

いろいろな見方ができるね。

② 8はどのような数ですか。（ ）にあてはまる数を書きましょう。

① 8は，0.1を（ 80 ）こ集めた数です。

② 8は，4.5と（ 3.5 ）をあわせた数です。

③ 8は，7.7より（ 0.3 ）大きい数です。

④ 8は，9.2より（ 1.2 ）小さい数です。

12 ふりかえり・たしかめ (1)
小数

① 4.5 + 2.9	② 1.8 + 7	③ 2.3 + 4.6	④ 5 + 4.2
7.4	8.8	6.9	9.2

⑤ 1.6 + 3.4	⑥ 2.1 + 23	⑦ 3.5 + 1.6	⑧ 4.8 + 2.2
5.0	25.1	5.1	7.0

⑨ 5.4 - 4.6	⑩ 22 - 2.6	⑪ 3.6 - 2	⑫ 8.3 - 2.1
0.8	19.4	1.6	6.2

⑬ 7.1 - 3.5	⑭ 6.2 - 5.8	⑮ 13 - 2.1	⑯ 4.3 - 1.8
3.6	0.4	10.9	2.5

16

P.17

12 ふりかえり・たしかめ (2)
小数

① ⑦の水のかさは何Lですか。また，④のテープの長さは何cmですか。

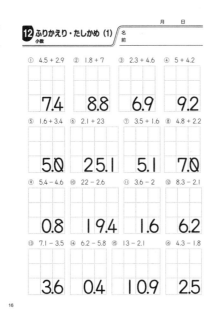

（ 1.4 ）L　　（ 2.6 ）cm

② 次の数直線を見て答えましょう。

0 ── 1 ── 2 ── 3
　エ　　　　　　　　　　オ

① ⑦～⑦のめもりが表す数を書きましょう。

⑦（ 0.8 ）④（ 1.4 ）（ 2.2 ）

② ⑦～⑦は，それぞれ0.1を何こ集めた数ですか。

（ 8こ ）（ 14こ ）（ 22こ ）

③ ④（0.3），④（3.4）を表すめもりに↑をかきましょう。

③ （ ）にあてはまる数を書きましょう。

① 3L2dL = （ 3.2 ）L　　② 0.2L = （ 2 ）dL

③ 7mm = （ 0.7 ）cm

④ 1.8cm = （ 1 ）cm（ 8 ）mm

12 ふりかえり・たしかめ (3)
小数

① 次の数を書きましょう。

① 5と0.8をあわせた数　　（ 5.8 ）

② 8より0.7小さい数　　　（ 7.3 ）

③ 1を2こと，0.1を9こあわせた数　（ 2.9 ）

④ 0.1を64こ集めた数　　（ 6.4 ）

② □にあてはまる不等号を書きましょう。

① 0.5 [>] 0.4　　② 3 [>] 2.9

③ 0.9 [<] 1.1　　④ 2 [<] 2.1

③ 赤いリボンの長さは6.3m，青いリボンの長さは2.8mです。

① 2本のリボンをあわせると，全部で何mになりますか。

式 6.3 + 2.8 = 9.1

答え 9.1m

② 2本のリボンの長さのちがいは，何mですか。

式 6.3 - 2.8 = 3.5

答え 3.5m

17

P.18

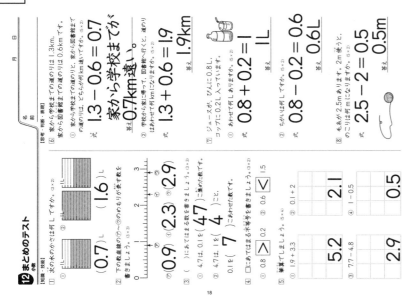

① 家から学校までの道のりは1.3km，家から図書館までの道のりは0.6kmです。(5×2)

① 家から学校までの道のりと，家から図書館までの道のりは，どちらが何km遠いですか。

式 1.3 - 0.6 = 0.7　　答え 家から学校までが0.7km遠い。

② 家から図書館に寄って，図書館から学校へ行くと，道のりは何kmになりますか。(5×2)

式 1.3 + 0.6 = 1.9　　答え 1.9km

② ジュースが，びんに0.8L，コップに0.2L入っています。(5×2)

① あわせて何Lですか。

式 0.8 + 0.2 = 1　　答え 1L

② ちがいは何Lですか。

式 0.8 - 0.2 = 0.6　　答え 0.6L

③ 毛糸が2.5mあります。2m使うと，のこりは何mになりますか。

式 2.5 - 2 = 0.5　　答え 0.5m

12 まとめのテスト
小数

① 次の水のかさは何Lですか。(3×2)

（ 0.7 ）L　　（ 1.6 ）L

② 下の数直線の⑦～⑦のめもりが表す数を書きましょう。(3×3)

（ 0.9 ）（ 2.3 ）（ 2.9 ）

③ （ ）にあてはまる数を書きましょう。(5×4)

① 4.7は，0.1を（ 47 ）こ，4.7は，1を（ 4 ）こと，0.1を（ 7 ）こあわせた数です。

④ □にあてはまる不等号を書きましょう。

① 0.8 [>] 0.2

⑤ 計算しましょう。(5×4)

① 1.9 + 3.3		② 0.1 + 2		
5.2		2.1		1.5

③ 7.7 - 4.8		④ 1 - 0.5	
2.9		0.5	

18

P.19

13 重さのたんいとはかり方
重さのくらべ方

① 重さのたんい，g（グラム）を書く練習をしましょう。

1g　2g　3g　4g　5g

② 1円玉1この重さは1gです。次のものの重さをgで表しましょう。

① えんぴつ　　1円玉4こつりあう　（ 4g ）

② 消しゴム　　1円玉14こつりあう　（ 14g ）

③ はさみ　　　1円玉38こつりあう　（ 38g ）

④ いちご　　　1円玉20こつりあう　（ 20g ）

13 重さのたんいとはかり方
はかりの使い方 (1)

① りんごの重さを，はかりを使って調べました。

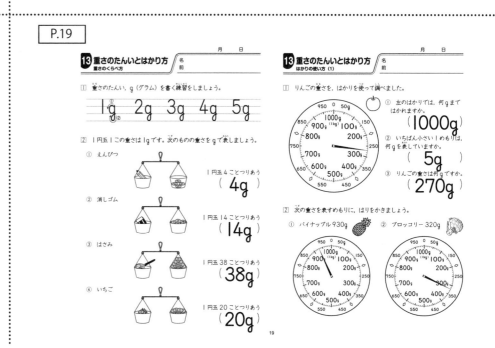

① 左のはかりでは，何gまではかれますか。　（ 1000g ）

② いちばん小さい1めもりは，何gを表していますか。（ 5g ）

③ りんごの重さは何gですか。（ 270g ）

② 次の重さを表すめもりに，はりをかきましょう。

① パイナップル930g　　② ブロッコリー320g

19

87

P.20

⑬ 重さのたんいとはかり方
はかりの使い方 (2)

● はりのさしている重さは何gですか。

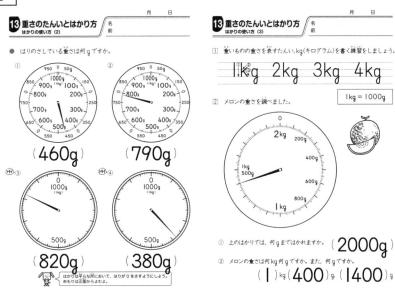

① （460g）　② （790g）

① （820g）　④ （380g）

はかりは平らな所において，はりが0をさすようにしよう。
めもりは正面からよむよ。

⑬ 重さのたんいとはかり方
はかりの使い方 (3)

① 重いものの重さを表すたんい，kg（キログラム）を書く練習をしましょう。

1kg　2kg　3kg　4kg

1kg = 1000g

② メロンの重さを調べました。

① 上のはかりでは，何gまではかれますか。（2000g）

② メロンの重さは何kg何gですか。また，何gですか。
（1）kg（400）g（1400）g

20

P.21

⑬ 重さのたんいとはかり方
はかりの使い方 (4)

● はりのさしている重さは何kg何gですか。また，何gですか。

①
（1）kg（700）g
（1700）g

②
（1）kg（200）g
（1200）g

⑬ 重さのたんいとはかり方
はかりの使い方 (5)

● 次の重さを表すめもりに，はりをかきましょう。

① 800g　② 1100g

③ 1kg900g　④ 1kg550g

21

P.22

⑬ 重さのたんいとはかり方
はかりの使い方 (6)

① （　）にあてはまる数を書きましょう。
① 3kg = （3000）g
② 1kg200g = （1200）g
③ 2kg80g = （2080）g　← | kg | | |　| 2 | 8 | 0 |
④ 5kg790g = （5790）g
⑤ 4kg186g = （4186）g
⑥ 6000g = （6）kg
⑦ 3400g = （3）kg（400）g
⑧ 4010g = （4）kg（10）g
⑨ 2360g = （2）kg（360）g
⑩ 5009g = （5）kg（9）g

② ⑦〜④の重さについて答えましょう。
⑦ 3100g　④ 2kg99g　⑦ 3kg10g
④ 1kg900g　④ 2800g

① 重いじゅんに，（　）に記号を書きましょう。
（⑦）→（⑦）→（⑦）→（④）→（④）

② 3kgにいちばん近いのはどれですか。（⑦）

⑬ 重さのたんいとはかり方
はかりの使い方 (7)

① 重さ300gのかごに，じゃがいもを1kg500g入れます。
全体の重さは何kg何gになりますか。また，それは何gですか。

式　（300）g+（1）kg（500）g
　　=（1）kg（800）g

答え（1）kg（800）g（1800）g

② 1kg200gのランドセルに，教科書やノートを入れて重さをはかると，4kg800gになりました。教科書やノートの重さは何kg何gですか。また，何gですか。

4kg800g－1kg200g
=3kg600g
答え（3）kg（600）g（3600）g

③ 計算をしましょう。
① 1kg800g + 200g = 2kg
② 35kg700g － 28kg300g = 7kg400g

重さのたし算やひき算も，同じたんいの数どうしをたしたりひいたりすればいいね。

22

P.23

⑬ 重さのたんいとはかり方
はかりの使い方 (8)

① 入れ物に，さとうを1kg700g入れると，全体の重さが2kgになりました。入れ物の重さは何gですか。

式　2kg － 1kg700g
　　= 300g
答え　300g

② ひろきさんが弟を負ぶって体重をはかったら，46kgでした。弟の体重は，17kgです。ひろきさんの体重は何kgですか。

式　46kg － 17kg
　　= 29kg
答え　29kg

③ 重さ400gの箱に，くだものを3kg300g入れます。全体の重さは何kg何gになりますか。また，何gですか。

式　400g + 3kg300g
　　= 3kg700g
答え（3）kg（700）g（3700）g

⑬ 重さのたんいとはかり方
はかりの使い方 (9)

① とても重いものの重さを表すたんい，t（トン）を書く練習をしましょう。

1t　2t　3t　4t

1t = 1000kg

② 次の重さを，（　）の中のたんいで表しましょう。
① 車 2000kg（t）（2t）
② バス 15000kg（t）（15t）
③ クジラの赤ちゃん 1500kg（t, kg）（1t500kg）

③ （　）にあてはまる数を書きましょう。
① 2t = （2000）kg
② 3t700kg = （3700）kg
③ 5t10kg = （5010）kg
④ 4000kg = （4）t
⑤ 1600kg = （1）t（600）kg

23

P.24

13 重さのたんいとはかり方
はかりの使い方 (10)

① （　）にあてはまる数を書きましょう。
① 1km =（ 1000 ）m ② 1kg =（ 1000 ）g
③ 1m =（ 1000 ）mm ④ 1L =（ 1000 ）mL

② （　）にあてはまる数を書きましょう。
① （ 1000 ）倍　1g → 1kg
② （ 1000 ）倍　1mm → 1m
③ （ 100 ）倍　1cm → 1m
④ （ 1000 ）倍　1mL → 1L
⑤ （ 10 ）倍　1dL → 1L
⑥ （ 1000 ）倍　1m → 1km

13 ふりかえり・たしかめ (1)
重さのたんいとはかり方

① 右のはかりを見て答えましょう。

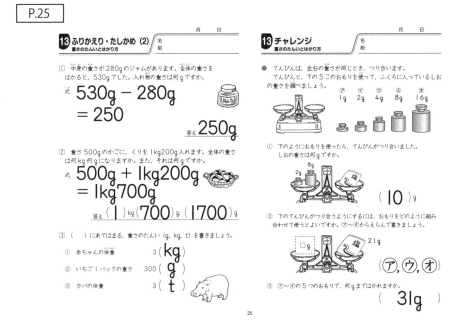

① 何kgまではかることができますか。
（ 2kg ）
② いちばん小さい1めもりは，何gを表していますか。
（ 10g ）
③ はりのさしている重さは何gですか。また，何gですか。
（ 1 ）kg（ 300 ）g（ 1300 ）g
④ 1kg750gの重さを表すめもりに，はりをかきましょう。

② （　）にあてはまる数を書きましょう。
① 3kg100g =（ 3100 ）g
② 5kg20g =（ 5020 ）g
③ 4600g =（ 4 ）kg（ 600 ）g
④ 1090g =（ 1 ）kg（ 90 ）g
⑤ 6t =（ 6000 ）kg
⑥ 2t50kg =（ 2050 ）kg

P.25

13 ふりかえり・たしかめ (2)
重さのたんいとはかり方

① 中身の重さが280gのジャムがあります。全体の重さをはかると，530gでした。入れ物の重さは何gですか。

式　530g − 280g
　　= 250

答え　250g

② 重さ500gのかごに，くりを1kg200g入れます。全体の重さは何kg何gになりますか。また，それは何gですか。

式　500g + 1kg200g
　　= 1kg700g

答え（ 1 ）kg（ 700 ）g（ 1700 ）g

③ （　）にあてはまる，重さのたんい (g, kg, t) を書きましょう。
① 赤ちゃんの体重　3（ kg ）
② いちご1パックの重さ　300（ g ）
③ カバの体重　3（ t ）

13 チャレンジ
重さのたんいとはかり方

● てんびんは，左右の重さが同じとき，つり合います。
てんびんと，下の5このおもりを使って，ふくろに入っているしおの重さを調べましょう。

㋐ 1g　㋑ 2g　㋒ 4g　㋓ 8g　㋔ 16g

① 下のようにおもりを使ったら，てんびんがつり合いました。しおの重さは何gですか。

2g　8g
（ 10 ）g

② 下のてんびんがつり合うようにするには，おもりをどのように組み合わせて使うとよいですか。㋐〜㋔からえらんで書きましょう。

□g　21g
（ ㋐，㋒，㋔ ）

③ ㋐〜㋔の5つのおもりで，何gまではかれますか。
（ 31g ）

P.26

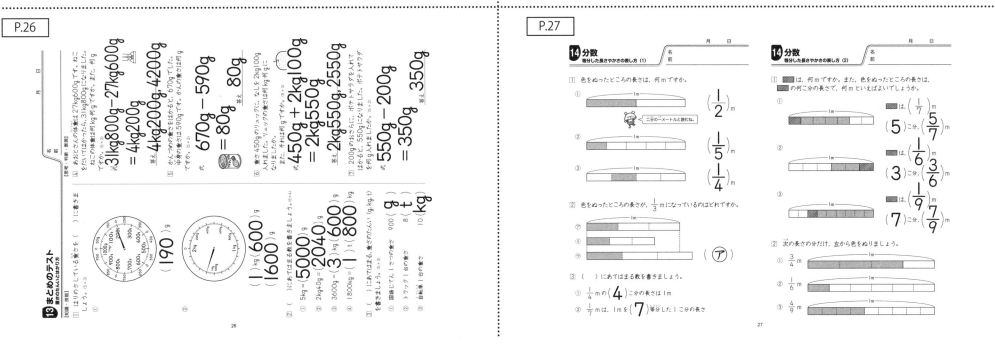

13 まとめのテスト
重さのたんいとはかり方

【知識・技能】
① はりのさししている重さを（　）に書きましょう。(5×3)
① （ 190 ）g
② （ 1 ）kg（ 600 ）g（ 1600 ）g

② （　）にあてはまる数を書きましょう。(5×4)
① 5kg =（ 5000 ）g
② 2kg40g =（ 2040 ）g
③ 3600g =（ 3 ）kg（ 600 ）g
④ 1800g =（ 1 ）kg（ 800 ）g

③ （　）にあてはまる，重さのたんい (g, kg, t) を書きましょう。(5×3)
① 国語じてん1さつの重さ　900（ g ）
② トラック1台の重さ　8（ t ）
③ 自転車1台の重さ　10（ kg ）

【思考・判断・表現】
④ おとうとの体重は27kg600gです。ねこをだいてはかったら，31kg800gになりました。ねこの体重は何kg何gですか。また，何gですか。(5×3)

式　31kg800g − 27kg600g
　　= 4kg200g

答え　4kg200g，4200g

⑤ みかんの重さをはかると，670gでした。中身の重さは590gです。かんの重さは何gですか。(5×2)

式　670g − 590g
　　= 80g　答え　80g

⑥ 重さ450gのリュックに，なしを2kg100g入れました。全体の重さは何kg何gですか。(5×2)

式　450g + 2kg100g
　　= 2kg550g　答え　2kg550g

⑦ 200gのおさらに，ポテトサラダを入れてはかると，550gになりました。ポテトサラダを何g入れましたか。(5×2)

式　550g − 200g
　　= 350g　答え　350g

P.27

14 分数
等分した長さやかさの表し方 (1)

① 色をぬったところの長さは，何mですか。
① （ 1/2 ）m
　「二分の一メートルと読むね。」
② （ 1/5 ）m
③ （ 1/4 ）m

② 色をぬったところの長さが，1/3mになっているのはどれですか。
㋐
㋑
㋒
（ ㋐ ）

③ （　）にあてはまる数を書きましょう。
① 1/4mの（ 4 ）こ分の長さは1m
② 1/7mは，1mを（ 7 ）等分した1こ分の長さ

14 分数
等分した長さやかさの表し方 (2)

① ▨は，何mですか。また，色をぬったところの長さは，▨の何こ分の長さで，何mといえばよいでしょうか。
① ▨は（ 1/7 ）m
（ 5 ）こ分（ 5/7 ）m
② ▨は（ 1/6 ）m
（ 3 ）こ分（ 3/6 ）m
③ ▨は（ 1/9 ）m
（ 7 ）こ分（ 7/9 ）m

② 次の長さの分だけ，左から色をぬりましょう。
① 3/4 m
② 1/6 m
③ 4/9 m

解答

P.28

14 分数 等分した長さやかさの表し方 (3)　名前　月　日

① 次の1Lますの1めもりは，それぞれ何Lを表していますか。また，それぞれの水のかさは，1めもりのかさの何こ分で，何Lですか。

1Lを4等分したかさ $\frac{1}{4}$ Lの3こ分だね。

① 1めもり $\left(\frac{1}{4}\right)$ L, (3) こ分, $\left(\frac{3}{4}\right)$ L

② 1めもり $\left(\frac{1}{5}\right)$ L, (4) こ分, $\left(\frac{4}{5}\right)$ L

③ 1めもり $\left(\frac{1}{6}\right)$ L, (2) こ分, $\left(\frac{2}{6}\right)$ L

② $\frac{1}{8}$ Lの5こ分だけ色をぬります。⑦④のどちらのますを使うかえらび，えらんだますに色をぬりましょう。また，色をぬったところのかさは何Lですか。

$\left(\frac{5}{8}\right)$ L

③ 次の分数の分母，分子は，それぞれいくつですか。

① $\frac{2}{3}$ 分母 (3) 分子 (2)　　③ $\frac{3}{5}$ 分母 (5) 分子 (3)

14 分数 分数のしくみ (1)　名前　月　日

● 下の数直線を見て答えましょう。

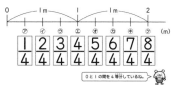

0と1の間を4等分しているね。

① ⑦～⑦にあてはまる分数を書きましょう。

$\frac{1}{4}$ $\frac{2}{4}$ $\frac{3}{4}$ $\frac{4}{4}$ $\frac{5}{4}$ $\frac{6}{4}$ $\frac{7}{4}$ $\frac{8}{4}$

② $\frac{3}{4}$ と $\frac{1}{4}$ mの長さのちがいは，1めもりの何こ分で，何mですか。 (2) こ分, $\left(\frac{2}{4}\right)$ m

③ 1mと同じ長さの分数は何ですか。 1m= $\left(\frac{4}{4}\right)$ m

④ ⑦は，$\frac{1}{4}$ mの何こ分ですか。 (7) こ分

⑤ $\frac{1}{4}$ mの8こ分の長さは，何mですか。分数と整数でそれぞれ書きましょう。 分数 $\left(\frac{8}{4}\right)$ m, 整数 (2) m

1mをこえる長さも，$\frac{1}{4}$ mの何こ分で考えるといいね。

28

P.29

14 分数 分数のしくみ (2)　名前　月　日

① ⑦～⑦のめもりが表す長さは，それぞれ何mですか。

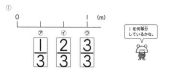

1を何等分しているかな。

① $\frac{1}{3}$ $\frac{2}{3}$ $\frac{3}{3}$

②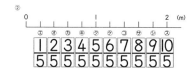

$\frac{1}{5}$ $\frac{2}{5}$ $\frac{3}{5}$ $\frac{4}{5}$ $\frac{5}{5}$ $\frac{6}{5}$ $\frac{7}{5}$ $\frac{8}{5}$ $\frac{9}{5}$ $\frac{10}{5}$

② 下の数直線の0と1，1と2の間をそれぞれ等分するめもりをかき，⑦$\frac{2}{5}$，④$\frac{8}{5}$の長さを表すめもりに↑を書きましょう。

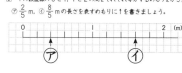

⑦　④

14 分数 分数のしくみ (3)　名前　月　日

① 色をぬったところの長さが $\frac{4}{6}$ mになっているテープは，⑦と④のどちらですか。( )にあてはまる数を書きましょう。

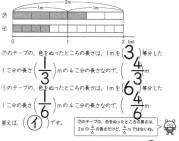

⑦のテープの，色をぬったところの長さは，1mを (3) 等分した1こ分の長さ $\left(\frac{1}{3}\right)$ mの4こ分の長さなので，$\frac{4}{3}$

④のテープの，色をぬったところの長さは，1mを (6) 等分した1こ分の長さ $\left(\frac{1}{6}\right)$ mの4こ分の長さなので，$\frac{4}{6}$

答えは，$(④)$ です。

⑦のテープの，色をぬったところの長さは，2mの $\frac{4}{6}$ の長さだけど，$\frac{4}{6}$ mではないね。

② 色をぬったところの長さは，何mですか。分数で表しましょう。

① $\left(\frac{2}{3}\right)$ m

② $\left(\frac{3}{4}\right)$ m

③ $\left(\frac{10}{6}\right)$ m

29

P.30

14 分数 分数のしくみ (4)　名前　月　日

① 下の数直線の □には分数で，□には小数で，それぞれあてはまる数を書きましょう。

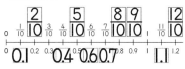

$\frac{2}{10}$ $\frac{5}{10}$ $\frac{8}{10}$ $\frac{9}{10}$ $\frac{12}{10}$

0.1　0.4　0.6　0.7　1.1

② ( )にあてはまる小数や分数を書きましょう。

① 0.1= $\left(\frac{1}{10}\right)$　　② 0.6= $\left(\frac{6}{10}\right)$

③ $\frac{5}{10}$ = (0.5)　　④ $\frac{9}{10}$ = (0.9)

③ □にあてはまる等号や不等号を書きましょう。

① $\frac{11}{10}$ ＞ 1　　② 0.2 ＝ $\frac{2}{10}$

③ $\frac{13}{10}$ ＞ 0.3　　④ $\frac{4}{10}$ ＜ 0.7

0.8 小数第一位を，$\frac{1}{10}$ の位というよ。

14 分数 分数のしくみとたし算，ひき算 (1)　名前　月　日

① $\frac{3}{6}$ ＋ $\frac{2}{6}$ の計算をします。( )にあてはまる数を書きましょう。

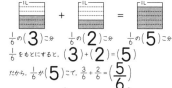

$\frac{1}{6}$ の (3) こ分 ＋ $\frac{1}{6}$ の (2) こ分 = $\frac{1}{6}$ の (5) こ分

$\frac{1}{6}$ をもとにすると，(3)＋(2)＝(5)

だから，$\frac{1}{6}$ が (5) こで，$\frac{3}{6}$ ＋ $\frac{2}{6}$ = $\left(\frac{5}{6}\right)$

② オレンジジュースが $\frac{4}{7}$ L，りんごジュースが $\frac{3}{7}$ Lあります。ジュースは，あわせて何Lありますか。

式 $\left(\frac{4}{7}\right)$＋$\left(\frac{3}{7}\right)$＝$\left(\frac{7}{7}\right)$＝(1)

分母と分子の数が同じ分数は，1と同じ大きさだね。

答え 1L

③ 計算をしましょう。

① $\frac{2}{5}$＋$\frac{1}{5}$ = $\frac{3}{5}$　　② $\frac{3}{8}$＋$\frac{2}{8}$ = $\frac{5}{8}$

③ $\frac{1}{4}$＋$\frac{3}{4}$ = 1　　④ $\frac{4}{9}$＋$\frac{2}{9}$ = $\frac{6}{9}$

⑤ $\frac{1}{3}$＋$\frac{1}{3}$ = $\frac{2}{3}$　　⑥ $\frac{4}{10}$＋$\frac{6}{10}$ = 1

30

P.31

14 分数 分数のしくみとたし算，ひき算 (2)　名前　月　日

① $\frac{5}{7}$ － $\frac{3}{7}$ の計算をします。( )にあてはまる数を書きましょう。

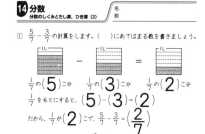

$\frac{1}{7}$ の (5) こ分 － $\frac{1}{7}$ の (3) こ分 = $\frac{1}{7}$ の (2) こ分

$\frac{1}{7}$ をもとにすると，(5)－(3)＝(2)

だから，$\frac{1}{7}$ が (2) こで，$\frac{5}{7}$ － $\frac{3}{7}$ = $\left(\frac{2}{7}\right)$

② 牛にゅうが1Lあります。$\frac{2}{5}$ L飲むと，のこりは何Lになりますか。

式 $1－\left(\frac{2}{5}\right)=\left(\frac{5}{5}\right)-\left(\frac{2}{5}\right)$ $=\left(\frac{3}{5}\right)$

答え $\frac{3}{5}$ L

③ 計算をしましょう。

① $\frac{4}{6}$－$\frac{2}{6}$ = $\frac{2}{6}$　　② $1－\frac{5}{8}$ = $\frac{3}{8}$

③ $\frac{8}{9}$－$\frac{1}{9}$ = $\frac{7}{9}$　　④ $\frac{6}{10}$－$\frac{2}{10}$ = $\frac{4}{10}$

⑤ $1－\frac{2}{4}$ = $\frac{2}{4}$　　⑥ $\frac{2}{3}$－$\frac{1}{3}$ = $\frac{1}{3}$

14 分数 分数のしくみとたし算，ひき算 (3)　名前　月　日

① 計算をしましょう。

① $\frac{2}{4}$＋$\frac{2}{4}$ = 1　　② $\frac{3}{8}$＋$\frac{4}{8}$ = $\frac{7}{8}$

③ $\frac{1}{5}$＋$\frac{4}{5}$ = 1　　④ $\frac{1}{3}$＋$\frac{1}{3}$ = $\frac{2}{3}$

⑤ $\frac{4}{9}$＋$\frac{3}{9}$ = $\frac{7}{9}$　　⑥ $\frac{5}{7}$＋$\frac{1}{7}$ = $\frac{6}{7}$

⑦ $\frac{4}{6}$－$\frac{3}{6}$ = $\frac{1}{6}$　　⑧ $\frac{9}{10}$－$\frac{3}{10}$ = $\frac{6}{10}$

⑨ $1－\frac{2}{3}$ = $\frac{1}{3}$　　⑩ $\frac{4}{5}$－$\frac{2}{5}$ = $\frac{2}{5}$

⑪ $\frac{6}{7}$－$\frac{2}{7}$ = $\frac{4}{7}$　　⑫ $1－\frac{5}{9}$ = $\frac{4}{9}$

② 水そうに水が $\frac{6}{9}$ L入っているところに，さらに水を $\frac{2}{9}$ L入れました。水は全部で何Lになりましたか。

式 $\frac{6}{9}＋\frac{2}{9}=\frac{8}{9}$

答え $\frac{8}{9}$ L

31

P.32

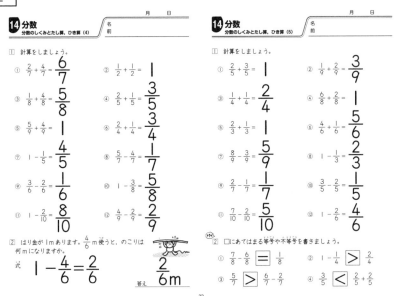

14 分数
分数のしくみとたし算，ひき算 (4)

① 計算をしましょう。

① $\frac{2}{7} + \frac{4}{7} = \frac{6}{7}$　　② $\frac{1}{2} + \frac{1}{2} = 1$

③ $\frac{1}{8} + \frac{4}{8} = \frac{5}{8}$　　④ $\frac{2}{5} + \frac{1}{5} = \frac{3}{5}$

⑤ $\frac{5}{9} + \frac{4}{9} = 1$　　⑥ $\frac{2}{4} + \frac{1}{4} = \frac{3}{4}$

⑦ $1 - \frac{1}{5} = \frac{4}{5}$　　⑧ $\frac{5}{7} - \frac{1}{7} = \frac{4}{7}$

⑨ $\frac{3}{6} - \frac{2}{6} = \frac{1}{6}$　　⑩ $1 - \frac{3}{8} = \frac{5}{8}$

⑪ $1 - \frac{2}{10} = \frac{8}{10}$　　⑫ $\frac{4}{9} - \frac{2}{9} = \frac{2}{9}$

② はり金が1mあります。$\frac{4}{6}$m使うと，のこりは何mになりますか。

式 $1 - \frac{4}{6} = \frac{2}{6}$

答え $\frac{2}{6}$m

14 分数
分数のしくみとたし算，ひき算 (5)

① 計算をしましょう。

① $\frac{2}{5} + \frac{3}{5} = 1$　　② $\frac{1}{9} + \frac{2}{9} = \frac{3}{9}$

③ $\frac{1}{4} + \frac{1}{4} = \frac{2}{4}$　　④ $\frac{6}{8} + \frac{2}{8} = 1$

⑤ $\frac{2}{3} + \frac{1}{3} = 1$　　⑥ $\frac{5}{6} + \frac{1}{6} = 1$

⑦ $\frac{8}{9} - \frac{4}{9} = \frac{5}{9}$　　⑧ $1 - \frac{1}{3} = \frac{2}{3}$

⑨ $\frac{2}{7} - \frac{1}{7} = \frac{1}{7}$　　⑩ $\frac{3}{5} - \frac{2}{5} = \frac{1}{5}$

⑪ $\frac{7}{10} - \frac{2}{10} = \frac{5}{10}$　　⑫ $1 - \frac{2}{6} = \frac{4}{6}$

② □にあてはまる等号や不等号を書きましょう。

① $\frac{7}{8} - \frac{6}{8} = \frac{1}{8}$　　② $1 - \frac{1}{4} > \frac{2}{4}$

③ $\frac{5}{7} > \frac{6}{7} - \frac{2}{7}$　　④ $\frac{3}{5} < \frac{2}{5} + \frac{2}{5}$

P.33

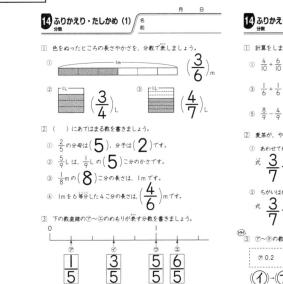

14 ふりかえり・たしかめ (1)
分数

① 色をぬったところの長さやかさを，分数で表しましょう。

① $\left(\frac{3}{6}\right)$m

② $\left(\frac{3}{4}\right)$L　　③ $\left(\frac{4}{7}\right)$L

② （ ）にあてはまる数を書きましょう。

① $\frac{2}{5}$の分母は（5），分子は（2）です。

② $\frac{5}{9}$Lは，$\frac{1}{9}$Lの（5）こ分のかさです。

③ $\frac{1}{8}$mの（8）こ分の長さは，1mです。

④ 1mを6等分した4こ分の長さは，$\left(\frac{4}{6}\right)$mです。

③ 下の数直線の⑦～①のめもりが表す分数を書きましょう。

⑦ $\frac{1}{5}$　　④ $\frac{3}{5}$　　⑤ $\frac{5}{5}$　　① $\frac{6}{5}$

14 ふりかえり・たしかめ (2)
分数

① 計算をしましょう。

① $\frac{4}{10} + \frac{6}{10} = 1$　　② $\frac{3}{7} + \frac{3}{7} = \frac{6}{7}$

③ $\frac{1}{6} + \frac{1}{6} = \frac{2}{6}$　　④ $1 - \frac{3}{10} = \frac{7}{10}$

⑤ $\frac{8}{9} - \frac{4}{9} = \frac{4}{9}$　　⑥ $\frac{4}{5} - \frac{3}{5} = \frac{1}{5}$

② 麦茶が，やかんに$\frac{3}{7}$L，水とうに$\frac{2}{7}$L入っています。

① あわせて何Lありますか。

式 $\frac{3}{7} + \frac{2}{7} = \frac{5}{7}$

答え $\frac{5}{7}$L

② ちがいは何Lですか。

式 $\frac{3}{7} - \frac{2}{7} = \frac{1}{7}$

答え $\frac{1}{7}$L

③ ⑦～①の数を，小さいじゅんにならべましょう。

⑦ 0.2　④ 0　⑦ $\frac{8}{10}$　① $\frac{11}{10}$　⑦ 1.5　⑦ $\frac{9}{10}$　⑦ 1

④ → ⑦ → ⑦ → ⑦ → ⑦ → ① → ⑦

P.34

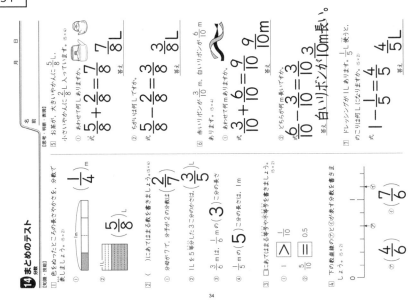

14 まとめのテスト
分数

① 色をぬったところの長さやかさを，分数で表しましょう。

① $\left(\frac{1}{4}\right)$m

② $\left(\frac{5}{8}\right)$L

② （ ）にあてはまる数を書きましょう。

① $\frac{2}{7}$　　② $\left(\frac{3}{5}\right)$L

③ $\frac{3}{10}$mは，$\frac{1}{10}$mの（3）こ分の長さ，1m

④ $\frac{1}{5}$mの（5）こ分の長さは，1m

③ 下の数直線の⑦と①が表す分数を書きましょう。

① $\frac{1}{10}$　0.5

① $\frac{7}{6}$　　① $\frac{4}{6}$

④ □にあてはまる等号や不等号を書きましょう。

① 1 $>$ $\frac{5}{10}$

① お茶が，大きいやかんに$\frac{5}{8}$L，小さいやかんに$\frac{2}{8}$L入っています。

① あわせて何Lありますか。
式 $\frac{5}{8} + \frac{2}{8} = \frac{7}{8}$　答え $\frac{7}{8}$L

② ちがいは何Lですか。
式 $\frac{5}{8} - \frac{2}{8} = \frac{3}{8}$　答え $\frac{3}{8}$L

⑥ 赤いリボンが$\frac{3}{10}$m，白いリボンが$\frac{6}{10}$m。あわせて何mありますか。
式 $\frac{3}{10} + \frac{6}{10} = \frac{9}{10}$　答え $\frac{9}{10}$m

⑦ どちらが何m長いですか。
式 $\frac{6}{10} - \frac{3}{10} = \frac{3}{10}$　答え 白いリボンが$\frac{3}{10}$m長い。

ドレッシングが1Lありましたが，$\frac{1}{5}$L使うと，のこりは何Lになりますか。
式 $1 - \frac{1}{5} = \frac{4}{5}$　答え $\frac{4}{5}$L

P.35

15 □を使った式
□を使って場面を式に表そう (1)

● 次の場面を，わからない数を□として，たし算の式に表しましょう。
また，□にあてはまる数をもとめましょう。

① えん筆を16本持っています。何本かもらいました。全部で24本になりました。

[はじめに 持っていた数] ＋ [もらった数] ＝ [全部の数]

式 （16）＋□＝（24）

□にあてはまる数はいくつかな。ひき算でもとめられるね。

（24）－（16）＝（8）　□＝（8）

② 運動場に子どもが28人います。何人か来たので，全部で40人になりました。

式 $28 + □ = 40$
$40 - 28 = 12$　□＝（12）

③ バスに何人か乗っています。次のバスていで5人乗ってきたので，全部で20人になりました。

式 □＋5＝20
20－5＝15　□＝（15）

15 □を使った式
□を使って場面を式に表そう (2)

● 次の場面を，わからない数を□として，ひき算の式に表しましょう。
また，□にあてはまる数をもとめましょう。

① 画用紙を何まいか持っています。12まい使いました。のこりは35まいになりました。

[持っていた数] － [使った数] ＝ [のこりの数]

式 □－（12）＝（35）

□にあてはまる数はいくつかな。たし算でもとめられるね。

（12）＋（35）＝（47）　□＝（47）

② ブルーベリーが何こかありました。18こ食べたので，のこりは47こになりました。

式 □－18＝47
18＋47＝65　□＝（65）

③ 公園に子どもが22人いました。何人か帰ったので，17人になりました。

式 22－□＝17
22－17＝5　□＝（5）

□の数は，何算でもとめられるかな。

P.36

15 □を使った式
□を使って場面を式に表そう (3)
名前

● 次の場面を，わからない数を□として，かけ算の式に表しましょう。
また，□にあてはまる数をもとめましょう。

① 同じ数ずつ，7人にクッキーを配ると，クッキーは全部で42まいいります。

式 □ × (7) = (42)

□にあてはまる数はいくつかな。わからない数は「1人分の数」だね。

(42) ÷ (7) = (6)　　□ = (6)

② 同じねだんのラムネを3こ買ったら，代金は24円でした。

式 □ × 3 = 24
24 ÷ 3 = 8　　□ = (8)

③ 1箱に5こずつ入ったチョコレートを何箱か買ったら，チョコレートは全部で30こになりました。

式 5 × □ = 30
30 ÷ 5 = 6　　□ = (6)

36

15 □を使った式
□を使って場面を式に表そう (4)
名前

● 次の場面を，わからない数を□として，わり算の式に表しましょう。
また，□にあてはまる数をもとめましょう。

① 子どもが36人います。同じ人数ずつチームに分けると，4つのチームに分けることができました。

式 (36) ÷ □ = (4)

□にあてはまる数はいくつかな。わからない数は「1チームの人数」だね。

(36) ÷ (4) = (9)　　□ = (9)

② キャラメルが56こあります。何人かで同じ数ずつ分けると，1人分は8こになりました。

式 56 ÷ □ = 8
56 ÷ 8 = 7　　□ = (7)

③ ジュースが10dLあります。同じかさずつコップに入れると，5つのコップに分けることができました。

式 10 ÷ □ = 5
10 ÷ 5 = 2　　□ = (2)

P.37

15 □を使った式
□を使って場面を式に表そう (5)
名前

① 次の場面を，わからない数を□として，[ ]の中の計算の式に表しましょう。また，□にあてはまる数をもとめましょう。

① 午前中に，クッキーを43まいやきました。午後にも何まいかやいたので，クッキーは全部で92まいになりました。[たし算]

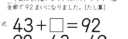

式 43 + □ = 92
92 − 43 = 49　　□ = (49)

② ジュースが何mLかあります。220mL飲んだら，のこりが490mLになりました。[ひき算]

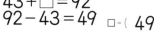

式 □ − 220 = 490
220 + 490 = 710　　□ = (710)

② □にあてはまる数をもとめましょう。

① 33 + 48 = 81　　② 13 + 19 = 32

③ 50 − 8 = 42　　④ 26 − 9 = 17

37

15 □を使った式
□を使って場面を式に表そう (6)
名前

① 次の場面を，わからない数を□として，[ ]の中の計算の式に表しましょう。また，□にあてはまる数をもとめましょう。

① 色紙でつるをおります。5人で同じ数ずつおると，つるは全部で45羽になりました。[かけ算]

式 □ × 5 = 45
45 ÷ 5 = 9　　□ = (9)

② トマトが24こあります。いくつかのふくろに同じ数ずつ入れると，1ふくろ分は3こになりました。[わり算]

式 24 ÷ □ = 3
24 ÷ 3 = 8　　□ = (8)

② □にあてはまる数をもとめましょう。

① 6 × 5 = 30　　② 7 × 4 = 28

③ 27 ÷ 9 = 3　　④ 56 ÷ 7 = 8

P.38

15 □を使った式
□を使って場面を式に表そう (7)
名前

● 下の絵を見て，次の⑦と⑦のかけ算の式になる場面のお話をつくりましょう。また，□にあてはまる数をもとめましょう。

おにぎりが12こあります。同じ数ずつお皿にのせます。

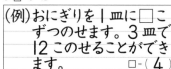

1皿のおにぎりの数 × お皿の数 = 全部の数 の式にあてはめて考えよう。

⑦ 3 × □ = 12

(例) おにぎりを1皿に3こずつのせます。□皿で，12このせることができます。　□ = (4)

⑦ □ × 3 = 12

(例) おにぎりを1皿に□こずつのせます。3皿で，12このせることができます。　□ = (4)

38

15 ふりかえり・たしかめ (1)
□を使った式
名前

● 次の場面を，わからない数を□として，[ ]の中の計算の式に表しましょう。また，□にあてはまる数をもとめましょう。

① リボンが何cmかあります。15cm使ったので，のこりが32cmになりました。[ひき算]

式 □ − 15 = 32
15 + 32 = 47　　□ = (47)

② お金を300円持っています。お母さんに何円かもらったので，全部で520円になりました。[たし算]

式 300 + □ = 520
520 − 300 = 220　　□ = (220)

③ 同じ数ずつ，6人でしおりをつくったら，しおりは全部で24まいできました。[かけ算]

式 □ × 6 = 24
24 ÷ 6 = 4　　□ = (4)

P.39

15 ふりかえり・たしかめ (2)
□を使った式
名前

● 次の①〜⑤のお話の場面にあった式を下の⑦〜⑦からえらんで，（ ）に記号を書きましょう。

① 同じ数ずつ，5人にクッキーを配ったら，クッキーは全部で20まいいりました。　　（ ⑦ ）

② クッキーが何まいかあります。5まいもらったので，全部で20まいになりました。　　（ ⑦ ）

③ クッキーが20まいあります。何人かで同じ数ずつ分けると，1人分は5まいになりました。　　（ ⑦ ）

④ クッキーが何まいかあります。5まい食べたので，のこりは20まいになりました。　　（ ⑦ ）

⑤ 5まいずつふくろに入ったクッキーを何ふくろか買ったら，全部で20まいになりました。　　（ ⑦ ）

⑦ 20 ÷ □ = 5
⑦ 5 × □ = 20
⑦ □ × 5 = 20
⑦ □ + 5 = 20
⑦ □ − 5 = 20

15 チャレンジ
□を使った式
名前

● 整数を入れると計算をするきかい⑦，⑦があります。

きかい⑦：ある整数を入れると，その整数に4をたして出す。
きかい⑦：ある整数を入れると，その整数を2倍して出す。

きかい⑦ときかい⑦を，次のようにつないで，ある整数□を入れたとき，出てくる整数○を調べます。（ ）にあてはまる数や式を書きましょう。

① □ = 3.　○ = (14)

□ → きかい⑦ (3) + (4) = (7) → きかい⑦ (7) × (2) = (14) → ○

② □ = 7.　○ = (22)

□ → きかい⑦ (7 + 4 = 11) → きかい⑦ (11 × 2 = 22) → ○

③ □ = 10.　○ = (24)

□ → きかい⑦ (10 × 2) = 20 → きかい⑦ (20 + (4) = 24) → ○

④ □ = (4).　○ = 12

きかい⑦に入れた数は，4をたすと，12になる数だね。

□ → きかい⑦ (4 × 2 = 8) → きかい⑦ (8) + (4) = (12) → ○

39

P.40

15 まとめのテスト
[知識・技能]

① □にあてはまる数をもとめましょう。(5×10)

① 28 + 24 = 52

② 76 + 89 = 165

③ 16 + 16 = 32

④ 63 − 18 = 45

⑤ 321 − 138 = 183

⑥ 55 − 28 = 27

⑦ 4 × 9 = 36

⑧ 8 × 8 = 64

⑨ 42 ÷ 7 = 6

⑩ 20 ÷ 4 = 5

[思考・判断・表現]

② 次の場面を，わからない数を□として，□にあてはまる数をもとめましょう。(5×10)

① 1つの場面の式に表しましょう。また，□にあてはまる数をもとめましょう。

式 53 + □ = 91
91 − 53 = 38　□ = (38)

② 色紙を53まい持っています。何まいかもらったので，全部で91まいになりました。[たし算]

③ 数室に何人かいます。8人帰ったので，のこりは9人になりました。[ひき算]
式 □ − 8 = 9
8 + 9 = 17　□ = (17)

④ 1まい7円のシールを何まいか買ったら，代金は35円でした。[かけ算]
式 7 × □ = 35
35 ÷ 7 = 5　□ = (5)

⑤ 同じ数ずつ，6人にジュースを配ると，ジュースは全部で24本いりました。[かけ算]
式 □ × 6 = 24
24 ÷ 6 = 4　□ = (4)

⑥ あめが12こあります。何人かに数ずつ分けると，1人分は2こになりました。[わり算]
式 12 ÷ □ = 2
12 ÷ 2 = 6　□ = (6)

P.41

16 かけ算の筆算②
何十をかける計算

① ( )にあてはまる数を書きましょう。

① 23 × 20
= 23 × (2) × 10
= (46) × 10
= (460)

② 42 × 30
= 42 × 3 × (10)
= 126 × (10)
= (1260)

② 計算をしましょう。

① 4 × 20 = 80
② 6 × 40 = 240
③ 5 × 60 = 300
④ 7 × 90 = 630
⑤ 13 × 50 = 650
⑥ 21 × 70 = 1470
⑦ 32 × 30 = 960
⑧ 41 × 20 = 820
⑨ 30 × 20 = 600
⑩ 50 × 40 = 2000

③ たいやき4こ入りの箱が30箱あります。たいやきは全部で何こありますか。

式 4 × 30 = 120

答え 120こ

16 かけ算の筆算②
2けたの数をかける計算 (1)
2けた×2けた＝3けた（くり上がりなし）

① 12 × 32 の筆算をします。( )にあてはまる数を書きましょう。

① 12 × 2 = (24)
② 12 × 3 = (36)
③ たし算をする。
24 + 360 = 384

② 筆算でしましょう。

① 13 × 23 = 299
② 21 × 32 = 672
③ 12 × 21 = 252
④ 24 × 12 = 288
⑤ 30 × 22 = 660
⑥ 21 × 34 = 714

P.42

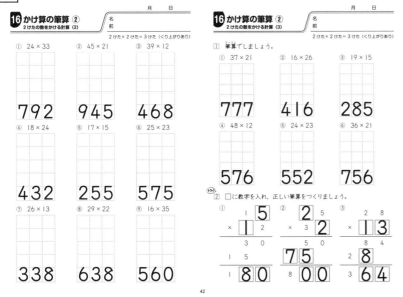

16 かけ算の筆算②
2けたの数をかける計算 (2)
2けた×2けた＝3けた（くり上がりあり）

① 24 × 33 = 792
② 45 × 21 = 945
③ 39 × 12 = 468
④ 18 × 24 = 432
⑤ 17 × 15 = 255
⑥ 25 × 23 = 575
⑦ 26 × 13 = 338
⑧ 29 × 22 = 638
⑨ 16 × 35 = 560

16 かけ算の筆算②
2けたの数をかける計算 (3)
2けた×2けた＝3けた（くり上がりあり）

① 筆算でしましょう。

① 37 × 21 = 777
② 16 × 26 = 416
③ 19 × 15 = 285
④ 48 × 12 = 576
⑤ 24 × 23 = 552
⑥ 36 × 21 = 756

② □に数字を入れ，正しい筆算をつくりましょう。

①
```
   1 5
×  1 2
   3 0
 1 5
 1 8 0
```

②
```
   2 5
×  3 2
   5 0
 7 5
 8 0 0
```

③
```
   2 8
×  1 3
   8 4
 2 8
 3 6 4
```

P.43

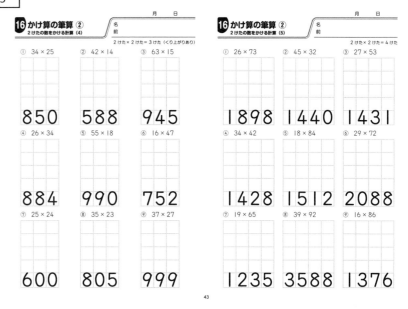

16 かけ算の筆算②
2けたの数をかける計算 (4)
2けた×2けた＝3けた（くり上がりあり）

① 34 × 25 = 850
② 42 × 14 = 588
③ 63 × 15 = 945
④ 26 × 34 = 884
⑤ 55 × 18 = 990
⑥ 16 × 47 = 752
⑦ 25 × 24 = 600
⑧ 35 × 23 = 805
⑨ 37 × 27 = 999

16 かけ算の筆算②
2けたの数をかける計算 (5)
2けた×2けた＝4けた

① 26 × 73 = 1898
② 45 × 32 = 1440
③ 27 × 53 = 1431
④ 34 × 42 = 1428
⑤ 18 × 84 = 1512
⑥ 29 × 72 = 2088
⑦ 19 × 65 = 1235
⑧ 39 × 92 = 3588
⑨ 16 × 86 = 1376

P.44

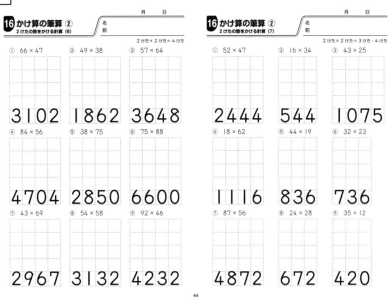

16 かけ算の筆算② 2けたの数をかける計算(6)　2けた×2けた＝4けた

① 66×47	② 49×38	③ 57×64
3102	1862	3648
④ 84×56	⑤ 38×75	⑥ 75×88
4704	2850	6600
⑦ 43×69	⑧ 54×58	⑨ 92×46
2967	3132	4232

16 かけ算の筆算② 2けたの数をかける計算(7)　2けた×2けた＝3けた・4けた

① 52×47	② 16×34	③ 43×25
2444	544	1075
④ 18×62	⑤ 44×19	⑥ 32×23
1116	836	736
⑦ 87×56	⑧ 24×28	⑨ 35×12
4872	672	420

P.45

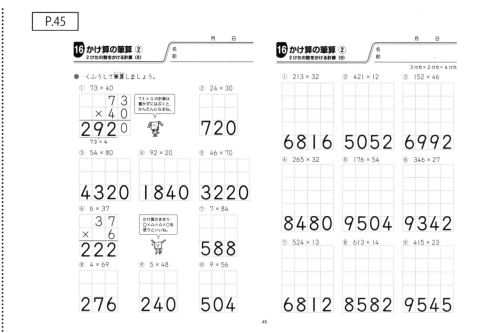

16 かけ算の筆算② 2けたの数をかける計算(8)

● くふうして筆算しましょう。

① 73×40
```
   7 3
 ×  4 0
 2920
```
73×4　（73×0の計算は 書かずにはぶくと、かんたんになるね。）

② 24×30　720

③ 54×80　4320　④ 92×20　1840　⑤ 46×70　3220

⑥ 6×37
```
   3 7
 ×   6
  222
```
（かけ算のきまり ○×△＝△×○を 使うといいね。）

⑦ 7×84　588

⑧ 4×69　276　⑨ 5×48　240　⑩ 9×56　504

16 かけ算の筆算② 2けたの数をかける計算(9)　3けた×2けた＝4けた

① 213×32	② 421×12	③ 152×46
6816	5052	6992
④ 265×32	⑤ 176×54	⑥ 346×27
8480	9504	9342
⑦ 524×13	⑧ 613×14	⑨ 415×23
6812	8582	9545

P.46

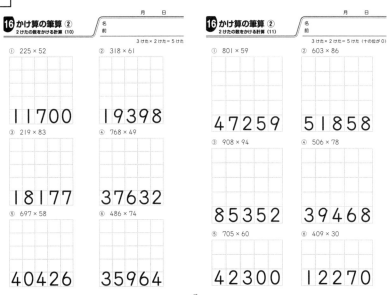

16 かけ算の筆算② 2けたの数をかける計算(10)　3けた×2けた＝5けた

① 225×52	② 318×61
11700	19398
③ 219×83	④ 768×49
18177	37632
⑤ 697×58	⑥ 486×74
40426	35964

16 かけ算の筆算② 2けたの数をかける計算(11)　3けた×2けた＝5けた（十の位が0）

① 801×59	② 603×86
47259	51858
③ 908×94	④ 506×78
85352	39468
⑤ 705×60	⑥ 409×30
42300	12270

P.47

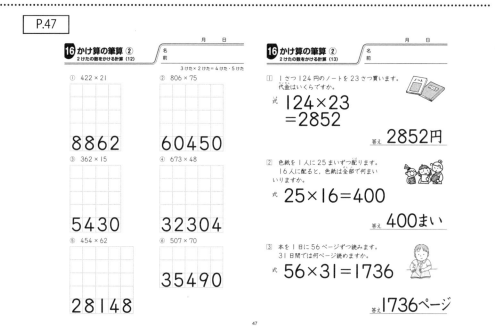

16 かけ算の筆算② 2けたの数をかける計算(12)

① 422×21	② 806×75
8862	60450
③ 362×15	④ 673×48
5430	32304
⑤ 454×62	⑥ 507×70
28148	35490

16 かけ算の筆算② 2けたの数をかける計算(13)

① 1さつ124円のノートを23さつ買います。代金はいくらですか。

式 124×23＝2852

答え 2852円

② 色紙を1人に25まいずつ配ります。16人に配ると、色紙は全部で何まいいりますか。

式 25×16＝400

答え 400まい

③ 本を1日に56ページずつ読みます。31日間では何ページ読めますか。

式 56×31＝1736

答え 1736ページ

P.48

16 かけ算の筆算 ②
2けたの数をかける計算 (14)

1 動物園の入園りょうは、子ども1人475円です。3年1組の32人で行くと、入園りょうは全部でいくらになりますか。
式 475×32＝15200
答え 15200円

2 1しゅう485mのランニングコースがあります。12しゅう走ると、全部で何mになりますか。
式 485×12＝5820
答え 5820m

3 1箱24こ入りのクッキーの箱が28箱あります。クッキーは全部で何こありますか。
式 24×28＝672
答え 672こ

16 かけ算の筆算 ②
暗算

1 次のかけ算を暗算でします。（ ）にあてはまる数を書きましょう。
① 32×4＝(128)
　30×4＝(120)
　2×4＝(8)
　あわせて(128)

② 25×24＝25×4×(6)
　＝100×(6)
　＝(600)

③ 12×25＝25×(12)
　＝25×4×(3)
　＝100×(3)
　＝(300)

25×4＝100を使ってくふうしよう。

2 暗算でしましょう。
① 21×3＝63　② 330×2＝660
③ 12×40＝480　④ 250×4＝1000
⑤ 25×32＝800　⑥ 16×25＝400

48

P.49

16 ふりかえり・たしかめ (1)
かけ算の筆算②

1 計算をしましょう。
① 7×60＝420　② 22×30＝660
③ 40×80＝3200　④ 24×3＝72

2 筆算でしましょう。
① 83×49 → 4067
② 234×21 → 4914
③ 362×40 → 14480
④ 24×13 → 312
⑤ 724×36 → 26064
⑥ 508×62 → 31496

16 ふりかえり・たしかめ (2)
かけ算の筆算②

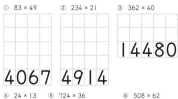
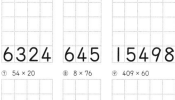

① 82×43 → 3526
② 31×22 → 682
③ 182×34 → 6188
④ 93×68 → 6324
⑤ 43×15 → 645
⑥ 369×42 → 15498
⑦ 54×20 → 1080
⑧ 8×76 → 608
⑨ 409×60 → 24540

49

P.50

16 ふりかえり・たしかめ (3)
かけ算の筆算②

① 69×35 → 2415
② 41×21 → 861
③ 794×38 → 30172
④ 373×21 → 7833
⑤ 32×16 → 512
⑥ 604×49 → 29596
⑦ 66×50 → 3300
⑧ 9×74 → 666
⑨ 267×54 → 14418

16 ふりかえり・たしかめ (4)
かけ算の筆算②

1 長さ30cmのテープを54本つくります。テープは全部で何cmいりますか。
式 30×54＝1620
答え 1620cm

2 1こ85円のゼリーを14こ買いました。2000円はらうと、おつりはいくらですか。
式 85×14＝1190
2000-1190＝810
答え 810円

3 次の計算が正しければ○を、まちがっていれば正しい答えを、（ ）に書きましょう。
①
```
   39
×  28
  312
  78
  390
```
(1092)

②
```
  304
×  20
  680
```
(6080)

③
```
  526
×  63
 1578
3156
33138
```
(○)

50

P.51

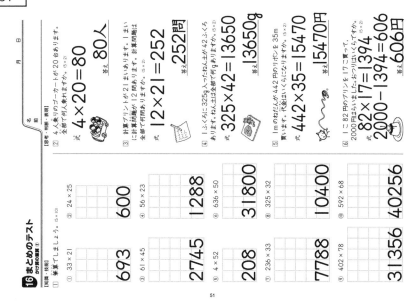

2 4人乗りのゴーカートが20台あります。全部で何人乗れますか。(5×2)
式 4×20＝80
答え 80人

3 計算プリントが21まいあります。1まいに計算問題は12問あります。全部で何問ありますか。(5×2)
式 12×21＝252
答え 252問

1 1ふくろに325g入ったねん土が42ふくろあります。ねん土は全部で何gありますか。(5×2)
式 325×42＝13650
答え 13650g

5 1mのねだんが442円のリボンを35m買います。代金はいくらになりますか。(5×2)
式 442×35＝15470
答え 15470円

6 1こ82円のプリンを17こ買って、2000円はらいました。おつりはいくらですか。(5×2)
式 82×17＝1394
2000-1394＝606
答え 606円

16 まとめのテスト
かけ算の筆算②

1 筆算でしましょう。(5×10)
① 33×21 → 693
② 24×25 → 600
③ 61×45 → 2745
④ 56×23 → 1288
⑤ 4×52 → 208
⑥ 636×50 → 31800
⑦ 236×33 → 7788
⑧ 325×32 → 10400
⑨ 592×68 → 40256
⑩ 402×78 → 31356

51

P.52

倍の計算
倍の計算 (1)

名前

① 赤のリボンの長さは12cmです。白のリボンの長さは，赤のリボンの長さの３倍です。白のリボンの長さは何cmですか。

式 12×3＝36

答え 36cm

② 水とうにお茶が5dL 入っています。
やかんには，水とうの４倍のかさのお茶が入っています。
やかんに入っているお茶は何dL ですか。

式 5×4＝20

答え 20dL

③ きのうは，ミニトマトを15こ食べました。
今日はきのうの２倍食べました。
今日はミニトマトを何こ食べましたか。

式 15×2＝30

答え 30こ

倍の計算
倍の計算 (2)

名前

① 青のリボンの長さは6cmです。黄色のリボンの長さは42cmです。黄色のリボンの長さは，青のリボンの長さの何倍ですか。

式 42÷6＝7

答え 7倍

② 音読の練習をしています。きのうは４回，今日は８回練習しました。今日は，きのうの何倍練習しましたか。

式 8÷4＝2

答え 2倍

③ みかんが24こ，りんごが6こ，かきが3こあります。
（　　）にあてはまる数を書きましょう。

① みかんの数は，りんごの数の（4）倍です。
② みかんの数は，かきの数の（8）倍です。
③ りんごの数は，かきの数の（2）倍です。

P.53

倍の計算
倍の計算 (3)

名前

① ピンクのリボンの長さは，オレンジのリボンの長さの5倍で，40cmです。オレンジのリボンの長さは何cmですか。

① オレンジのリボンの長さを□cmとして，かけ算の式で表しましょう。

式 □×5＝40

② □にあてはまる数をもとめましょう。

式 40÷5＝8

答え (8) cm

② 二重とびで，今日は，きのうの３倍で，39回とびました。きのうは何回とびましたか。

式 39÷3＝13

答え 13回

倍の計算
倍の計算 (4)

名前

① お父さんの体重は，ひろきさんの体重の２倍で，60kgです。ひろきさんの体重は何kgですか。

式 60÷2＝30

答え 30kg

② レモンの重さは150gです。パイナップルの重さは，レモンの重さの8倍です。パイナップルの重さは何gですか。

式 150×8＝1200

答え 1200g

③ オレンジジュースが6dL，りんごジュースが24dL あります。りんごジュースのかさは，オレンジジュースのかさの何倍ですか。

式 24÷6＝4

答え 4倍

 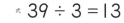

P.54

ふりかえり・たしかめ (1)
倍の計算

名前

① 高さ 3mの木があります。
ビルの高さは，木の高さの６倍です。
ビルの高さは何m ですか。

式 3×6＝18

答え 18m

② くりひろいで，だいきさんは 32こ，弟は 8こ拾いました。だいきさんは，弟の何倍拾いましたか。

式 32÷8＝4

答え 4倍

③ グミのねだんは，ガムのねだんの３倍で，90円です。ガムのねだんはいくらですか。

式 90÷3＝30

答え 30円

ふりかえり・たしかめ (2)
倍の計算

名前

① 大根が3本，にんじんが15本あります。
にんじんの本数は，大根の本数の何倍ですか。

式 15÷3＝5

答え 5倍

② マラソン大会で，中学生は，小学生の２倍で，池のまわりを6しゅう走ります。
小学生は池のまわりを何しゅう走りますか。

式 6÷2＝3

答え 3しゅう

③ きのうは，本を 42ページ読みました。
今日はきのうの 2倍読みました。
今日は何ページ読みましたか。

式 42×2＝84

答え 84ページ

   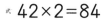

P.55

17 三角形と角
二等辺三角形と正三角形 (1)

名前

① 次の三角形の名前を書きましょう。

㋐ 2つの辺の長さが等しい三角形
㋑ 3つの辺の長さがどれも等しい三角形

二等辺三角形　（正三角形）

直角のある二等辺三角形は，直角二等辺三角形というよ。

② 下の㋐～㋺の三角形の辺の長さをコンパスで調べて，二等辺三角形と正三角形をえらび，（　）に記号を書きましょう。

二等辺三角形（イ，ウ，オ）　正三角形（エ，カ，キ）

 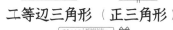 

17 三角形と角
二等辺三角形と正三角形 (2)

名前

① 次のそれぞれの三角形で，長さの等しい辺に色をぬりましょう。

① 二等辺三角形　② 二等辺三角形
③ 正三角形　④ 直角二等辺三角形

② 下の図を使って，二等辺三角形と正三角形をかいてみましょう。

略　　略

二等辺三角形　　正三角形

P.56

17 三角形と角
二等辺三角形と正三角形 (3)　名前

① 次の二等辺三角形をかきましょう。

① 辺の長さが4cm，5cm，5cm

略

4cm

コンパスを使ってかこう。

② 辺の長さが 3cm，3cm，4cm

略

②　次の⑦，①，⑦のうち，二等辺三角形ができるのはどれですか。
( )に記号を書きましょう。また，その二等辺三角形をかきましょう。

⑦ 辺の長さが7cm，3cm，3cm
① 辺の長さが10cm，6cm，6cm
⑦ 辺の長さが2.5cm，2.5cm，5cm

(**①**)

略

56

---

17 三角形と角
二等辺三角形と正三角形 (4)　名前

① 次の正三角形をかきましょう。

① 辺の長さが5cm，5cm，5cm

略

② 1辺の長さが3cm

略

コンパスを使うといいね。

② まわりの長さが21cmの正三角形をかきましょう。また，1辺の
長さは何cmですか。

略

1辺の長さ(**7**)cm

P.57

17 三角形と角
二等辺三角形と正三角形 (5)　名前

① 下の円とその中心を使って，二等辺三角形を1つかきましょう。
また，( )にあてはまることばを書きましょう。

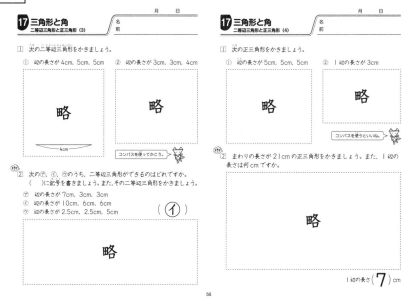

略

1つの円では，(**半径**)の長さがみんな(**同じ**)なので，
円を使って二等辺三角形をかくことができる。

② 次の円とその中心を使って，正三角形をかきましょう。

① 1辺の長さが2cmの
正三角形

略　2cm

② 1辺の長さが3cmの
正三角形

略　3cm

57

---

17 三角形と角
三角形と角 (1)　名前

① ( )にあてはまることばを，右の〔〕からえらんで書きましょう。

(**ちょう点**)　(**角**)　(**辺**)

〔辺　角　ちょう点　角の大きさ〕

角をつくっている辺の開きぐあいを，(**角の大きさ**)という。

② 三角じょうぎの，角の大きさを調べて，記号で答えましょう。

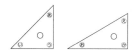

① 直角になっている角は，どれとどれですか。　(**う**)(**か**)

② いちばん小さい角は，どれですか。　　　　　　(**お**)

③ ①の角と同じ大きさの角は，どれですか。　　　(**あ**)

④ あと①では，どちらの角が大きいですか。　　　(**え**)

P.58

17 三角形と角
三角形と角 (2)　名前

① 次の角の大きさをくらべて，大きい方に○をつけましょう。

①
(**○**)　( )

②
( )　(**○**)

③
(**○**)　( )

角の大きさは，辺の開きぐあいだけで決まるよ。辺の長さはかんけいないよ。

② 下の⑦～①の角の大きさをくらべて，大きいじゅんに記号を
書きましょう。

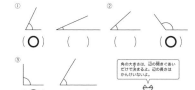

三角じょうぎを使って調べよう。

(**エ**)→(**イ**)→(**オ**)→(**ウ**)→(**ア**)

58

---

17 三角形と角
三角形と角 (3)　名前

① 二等辺三角形や正三角形の角の大きさについて，( )に
あてはまる記号や数を答えましょう。

├や┤のしるしは，辺の長さが等しいということだよ。

① 二等辺三角形では，(**2**)つの角の大きさが等しい。

② 正三角形では，(**3**)つの角の大きさがすべて等しい。

③ ①と(**う**)の角の大きさは等しい。

④ ②と(**お**)と(**か**)の角の大きさはすべて等しい。

② 下の図のように，三角じょうぎを2まいならべると，それぞれ
何という三角形ができますか。

①
(**二等辺三角形**)

②
(**正三角形**)

③
(**直角二等辺三角形**)

P.59

17 ふりかえり・たしかめ (1)
三角形と角　名前

● 次の三角形をかきましょう。また，その三角形の名前を書きましょう。

① 辺の長さが6cm，5cm，5cmの三角形

略

三角形の名前
エ等辺三角形

② どの辺の長さも6cmの三角形

略

三角形の名前
(**正三角形**)

59

---

17 ふりかえり・たしかめ (2)
三角形と角　名前

① 二等辺三角形のかき方を考えましょう。はじめに，アイの辺をかき
ます。あと1つ，あ～このうち，どの点をえらぶと，二等辺三角形
がかけますか。すべてえらんで，記号を書きましょう。

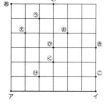

二等辺三角形がかける点は，いくつもあるね。

(**あ，い，か，く**)

② 右の図のように，紙を2つにおって点線のところで切ります。

① 広げた形は，何という三角形に
なりますか。

エ等辺三角形

② イウを何cmにすると，広げた形が
正三角形になりますか。

(**4cm**)

8cm
3cm

P.60

17 ふりかえり・たしかめ (3)
三角形と角
名前　　　　　　　月　日

① 下の円の半径は 4cm で，アの点は中心です。この円とその中心を使って，二等辺三角形と正三角形を，1つずつかきましょう。

略

ア・

② 下の⑦～②の角の大きさをくらべて，大きいじゅんに番号をつけましょう。

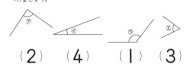

（2）　（4）　（1）　（3）

60

17 ふりかえり・たしかめ (4)
三角形と角
名前　　　　　　　月　日

① ⑦の正三角形をすきまなくならべて，④や⑦の形を作るには，どのようにしきつめればよいですか。図の中に三角形をかきましょう。

② ①の二等辺三角形をすきまなくならべて，⑦の形を作るには，①の二等辺三角形は何まいいりますか。

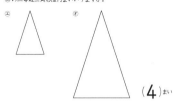

（4）まい

P.61

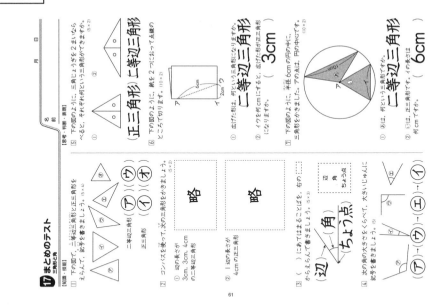

17 まとめのテスト
三角形と角
[知識・技能]

[思考・判断・表現]

61

P.62

18 ぼうグラフと表
整理のしかたとぼうグラフ (1)
名前　　　　　　　月　日

● 3年1組で，すきな遊びを調べました。

すきな遊び調べ

① 「正」の字を使って人数を調べ，下の表に書きましょう。

おにごっこ	正正
かくれんぼ	一
一りん車	正下
なわとび	下
ドッジボール	正
サッカー	下

② ①で，「正」の字を使って表した数を数字になおし，下の表に書きましょう。また，合計も書きましょう。

すきな遊び調べ

しゅるい	人数（人）
おにごっこ	10
一りん車	8
ドッジボール	5
サッカー	4
その他	3
合計	30

人数の少ないものは，「その他」にまとめよう。

62

18 ぼうグラフと表
整理のしかたとぼうグラフ (2)
名前　　　　　　　月　日

● すきな教科を調べて整理した⑤の表を，⑥のグラフに表しました。

⑤ すきな教科と人数

教科	人数（人）
体育	12
算数	4
図工	8
音楽	6

⑥ すきな教科と人数

⑦ すきな教科と人数

① ⑥のように，ぼうの長さで数の大きさを表したグラフを，何といいますか。
（ぼうグラフ）

② ⑥のグラフの1めもりは，何人を表していますか。
（1）人

③ ⑦のグラフを人数の多いじゅんにならべかえて，⑦のグラフをかんせいさせましょう。

体育　図工　音楽　算数

ぼうグラフに表すと，何が多くて何が少ないかがわかりやすいね。

P.63

18 ぼうグラフと表
整理のしかたとぼうグラフ (3)
名前　　　　　　　月　日

● 下のぼうグラフは，3年2組が育てたいやさいを，調べたものです。

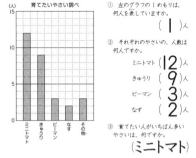

育てたいやさい調べ

トマト　き　ピーマン　なす　その他
ミニ　ゅうり

左から数の多いじゅんにならべると，わかりやすいね。「その他」は，数が多くても，さいごに書くよ。

① 左のグラフの1めもりは，何人を表していますか。
（1）人

② それぞれのやさいの，人数は何人ですか。
ミニトマト（12）人
きゅうり（9）人
ピーマン（3）人
なす（2）人

③ 育てたい人がいちばん多いやさいは，何ですか。
（ミニトマト）

④ ミニトマトの人数は，きゅうりの人数より，何人多いですか。
（3）人

⑤ きゅうりの人数は，ピーマンの人数の何倍ですか。
（3）倍

63

18 ぼうグラフと表
整理のしかたとぼうグラフ (4)
名前　　　　　　　月　日

● すきなくだもののしゅるいを調べて，下の表にまとめました。この表を，ぼうグラフに表しましょう。

すきなくだもの調べ

しゅるい	いちご	みかん	りんご	もも	その他	合計
人数（人）	12	5	4	8	3	32

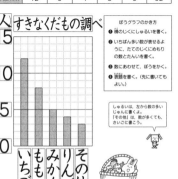

すきなくだもの調べ

いちご　もも　みかん　りんご　その他

ぼうグラフのかき方
① 横のじくにしゅるいを書く。
② いちばん多い数が表せるように，たてのじくにめもりの数とたんいを書く。
③ 数にあわせて，ぼうをかく。
④ 表題を書く。（先に書いてもよい。）

しゅるいは，左から数の多いじゅんに書こう。「その他」は，数が多くても，さいごに書こう。

P.64

18 ぼうグラフと表
整理のしかたとぼうグラフ (5)

● お楽しみ会でやりたいことを，1人1つずつカードに書いて黒板にはりました。

クイズ	クイズ	歌	たからさがし	げき	がっきのえんそう	クイズ
たからさがし	たからさがし	クイズ	クイズ	たからさがし	クイズ	がっきのえんそう
マジックショー	がっきのえんそう	紙しばい	げき	クイズ	クイズ	たからさがし
クイズ	げき	クイズ	がっきのえんそう	クイズ	たからさがし	クイズ

① 「正」の字を使って人数を調べ，下の㋐の表に書きましょう。

㋐

クイズ	正正丁
歌	一
たからさがし	正一
げき	下
がっきのえんそう	正
マジックショー	一
紙しばい	一

② ㋐で，「正」の字を使って集した数を数字になおし，下の㋑の表に書きましょう。

㋑
お楽しみ会でやりたいことと人数

やりたいこと	人数(人)
クイズ	12
たからさがし	6
げき	3
がっきのえんそう	4
その他	3
合計	28

③ ㋑の表を，ぼうグラフに表しましょう。

お楽しみ会でやりたいことと人数
（縦軸：人 15, 10, 5, 0）
（横軸：クイズ、たからさがし、がっきのえんそう、げき、その他）

④ やりたい人がいちばん多いのは何ですか。
（ クイズ ）

⑤ クイズをやりたい人は，がっきをえんそうしたい人の何倍ですか。
（ 3倍 ）

⑥ げきをやりたい人は，たからさがしをやりたい人の何分の一ですか。
（ 1/2 ）

64

P.65

18 ぼうグラフと表
ぼうグラフの1めもりの大きさ (1)

● 下のぼうグラフは，さくらさんの小学校で，先週休んだ人の数を表したものです。

休んだ人数調べ
（0　　10　　20(人)）
月、火、水、木、金

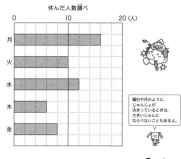

曜日や月のように，じゅんじょが決まっているときは，大きいじゅんにならべないこともあるよ。

① グラフの1めもりは，何人を表していますか。
（ 2人 ）

② 休んだ人がいちばん多いのは，何曜日ですか。
（ 月曜日 ）

③ 木曜日に休んだ人は，何人ですか。
（ 6人 ）

65

18 ぼうグラフと表
ぼうグラフの1めもりの大きさ (2)

● 次のぼうグラフで，1めもりが表している大きさと，ぼうが表している大きさを書きましょう。

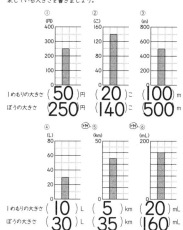

	①	②	③
1めもりの大きさ	50 円	20 こ	100 m
ぼうの大きさ	250 円	140 こ	500 m

	④	⑤	⑥
1めもりの大きさ	10 L	5 km	20 mL
ぼうの大きさ	30 L	35 km	160 mL

P.66

18 ぼうグラフと表
ぼうグラフの1めもりの大きさ (3)

● 右の表は，駅からいろいろな場所までの道のりを表したものです。

駅からの道のり

場所	道のり(m)
学校	800
図書館	1300
公園	500
みくさんの家	1100
ゆうびん局	200

① この表を，ぼうグラフに表しましょう。

上から長いじゅんに書こう。

駅からの道のり
（0　500　1000　1500 (m)）
図書館、みくさんの家、学校、公園、ゆうびん局

② 駅からいちばん近い場所はどこですか。
（ ゆうびん局 ）

③ 駅から学校までの道のりは，駅から公園までの道のりより何m長いですか。
（ 300m ）

66

18 ぼうグラフと表
ぼうグラフの1めもりの大きさ (4)

● 右のぼうグラフは，先月ほけん室に来た人数を，学年ごとに表したものです。

ほけん室に来た人数
（縦軸：(人) 30, 20, 10, 0）
（横軸：1年、2年、3年、4年、5年、6年）

① グラフの1めもりは，何人を表していますか。
（ 2人 ）

② 次の学年の人数は，それぞれ何人ですか。
1年（ 14人 ）
5年（ 18人 ）

③ 先月ほけん室に来た人数は，全部で何人ですか。
（ 96人 ）

④ 4年でほけん室に来た人数は，3年で来た人数の何倍ですか。
（ 3倍 ）

⑤ ほけん室に来た人数がいちばん少ないのは，何年ですか。
（ 3年 ）

⑥ 2年でほけん室に来た人数は，6年で来た人数より何人多いですか。
（ 8人 ）

P.67

18 ぼうグラフと表
ぼうグラフの1めもりの大きさ (5)

● 朝と昼に学校の前を通った乗り物の数を調べ，ぼうグラフに表しました。次のグラフをくらべましょう。

① 下の㋐，㋑のグラフは，朝に学校の前を通った乗り物の数を表したものです。台数の多い，少ないがはっきりしているのは，どちらですか。

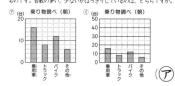

乗り物調べ（朝）　乗り物調べ（朝）
（乗用車、トラック、バイク、その他）

（ ㋐ ）

② 下の㋒，㋓のぼうグラフのうち，朝と昼をあわせて，どの乗り物が多く通ったのかがわかりやすいのは，どちらですか。

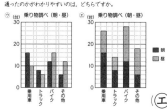

乗り物調べ（朝・昼）　乗り物調べ（朝・昼）
（乗用車、トラック、バイク、その他）（朝、昼）

（ ㋓ ）

18 ぼうグラフと表
表のくふう

● 下の表は，3年生の1組，2組，3組で，すきなきゅう食のメニューを調べたものです。

すきなきゅう食(1組)
しゅるい	人数(人)
カレーライス	15
からあげ	8
ちらしずし	4
その他	3
合計	30

すきなきゅう食(2組)
しゅるい	人数(人)
カレーライス	10
からあげ	9
ちらしずし	8
その他	2
合計	29

すきなきゅう食(3組)
しゅるい	人数(人)
カレーライス	8
からあげ	11
ちらしずし	7
その他	3
合計	29

① それぞれの組の合計の人数を，上の表に書きましょう。

② 上の3つの表を，下の1つの表にまとめます。あいているところにあてはまる数を書きましょう。

3年生のすきなきゅう食　(人)

しゅるい	1組	2組	3組	合計
カレーライス	15	10	8	33
からあげ	8	㋐9	11	28
ちらしずし	4	8	7	㋑19
その他	3	2	3	8
合計	30	29	29	88

③ 表の㋐，㋑に入る数は，それぞれ何を表していますか。
㋐（ 2組でからあげがすきな人数 ）
㋑（ ちらしずしがすきな人数の合計 ）

67

99

P.68

18 ふりかえり・たしかめ (1) ぼうグラフと表

● 下の表は，3年生が先週，家で読んだ本についてまとめたものです。

読んだ本調べ

しゅるい	物語	絵本	でん記	図かん	その他	合計
数（さつ）	18	12	6	10	8	54

① 上の表を，ぼうグラフに表しましょう。

多いじゅんに書こう。

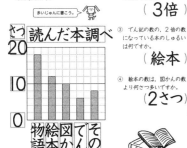

読んだ本調べ（さつ）

20 / 10 / 0

物語 絵本 図かん でん記 その他

② 物語の数は，でん記の数の何倍ですか。

（ 3倍 ）

③ でん記の数の，2倍の数になっている本のしゅるいは何ですか。

（ 絵本 ）

④ 絵本の数は，図かんの数より何さつ多いですか。

（ 2さつ ）

18 ふりかえり・たしかめ (2) ぼうグラフと表

● 下の表は，運動会でやりたいしゅもくを，3年生の1組，2組，3組で調べたものです。

運動会でやりたいしゅもく調べ（人）

しゅもく	1組	2組	3組	合計
つな引き	6	10	9	（25）
玉入れ	8	9	5	（22）
大玉転がし	15	7	11	（33）
その他	1	3	4	（8）
合計	（30）	（29）	（29）	88

① 上の表の（ ）にあてはまる数を書きましょう。

② 2組で，いちばんやりたい人が多いしゅもくは何ですか。

（ つな引き ）

③ 3年生で，いちばんやりたい人が多いしゅもくは何ですか。

（ 大玉転がし ）

④ 3年生は全部で何人ですか。

（ 88人 ）

P.69

18 まとめのテスト ぼうグラフと表 【知識・技能】

① 下のぼうグラフは，家でかいたい動物を調べたものです。

かいたい動物調べ

ねらい / くべぐー / かげあ / き

① グラフの1めもりは，何人を表していますか。(10) （ 1人 ）

② 犬の人数は，うさぎの人数の何倍ですか。(10) （ 2倍 ）

③ ねこの人数は，うさぎの人数より何人多いですか。(10) （ 3人 ）

【思考・判断・表現】

③ 下の表は，9月，10月，11月の川のかりの しゅりょうした人数を調べたものです。

川でつりをした人数（人）

	9月	10月	11月	合計
うかの子	3	8	8	（19）
切り合か	7	4	5	12
打きく	2	8	13	40
合計				

① （ ）にあてはまる数を書きましょう。(5×2)

② 11月に1ばん多く川でつりをした人数

② 下のぼうグラフは，まやさんが家でピアノの練習をした時間を，下のぼうグラフに表しました。

家でピアノの練習をした時間（分）

60 50 40 30 20 10 0

月 火 水 木 金 土 日

① グラフの1めもりは，何分ですか。(5×2) （ 5分 ）

② いちばん長い時間練習したのは，何曜日で，何分ですか。(5×2) 曜日（ 土曜日 ） 時間（ 55分 ）

③ 2番目に長い時間練習したのは，何曜日で，何分ですか。(5×2) 曜日（ 火曜日 ） 時間（ 45分 ）

②〔1〕下のぼうグラフで，1めもりが表している大きさと，ぼうが表している大きさを書きましょう。(10×2)

1めもりの大きさ（ 100 ）m
ぼうの大きさ（ 500 ）m

800 600 400 200

m

P.70

考える力をのばそう 間の数に注目して (1) 図を使って考える

① 5本の木が，8mごとに，1列にならんで植えられています。両はしの木と木の間は，何mはなれていますか。木を・として，図に表して考えます。（ ）にあてはまる数を書きましょう。

（8）m（8）m（8）m（8）m

木と木の間の数は（ 4 ）つだから

8×（ 4 ）=（ 32 ） 答え（ 32 ）m

② 道にそって，15mごとに木が植えてあります。あおいさんは，1本めから9本めまで走ります。あおいさんは，何m走ることになりますか。

式 9−1=8
15×8=120 答え 120m

③ 3mずつ間をあけて，12人の子どもが1列にならびました。いちばん前の子どもから，いちばん後ろの子どもまで，何mはなれていますか。

式 12−1=11
3×11=33 答え 33m

考える力をのばそう 間の数に注目して (2) 図を使って考える

① まるい形をした池のまわりに，木が8mごとに，5本立っています。この池のまわりを1しゅうすると，何mになりますか。木を・として，図に表して考えます。（ ）にあてはまる数を書きましょう。

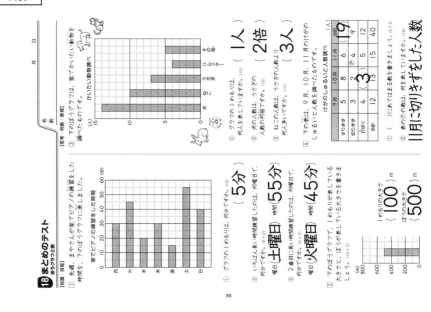

（8）m（8）m（8）m（8）m（8）m

木と木の間の数は（ 5 ）つだから

8×（ 5 ）=（ 40 ） 答え（ 40 ）m

② まるい形をした池のまわりに，はたが10mごとに，14本立てられています。この池のまわりを1しゅうすると，何mになりますか。

式 10×14=140 答え 140m

③ まるい形をした花だんのまわりに，2mごとに，くいを18本打ちました。この花だんのまわりの長さは何mですか。

式 2×18=36 答え 36m

P.71

計算練習 (1) わり算

① 35÷5＝7 ② 27÷9＝3 ③ 18÷6＝3 ④ 7÷1＝7
⑤ 27÷3＝9 ⑥ 10÷5＝2 ⑦ 3÷1＝3 ⑧ 12÷4＝3
⑨ 2÷2＝1 ⑩ 42÷7＝6 ⑪ 35÷7＝5 ⑫ 6÷2＝3
⑬ 14÷7＝2 ⑭ 9÷1＝9 ⑮ 15÷3＝5 ⑯ 12÷6＝2
⑰ 30÷6＝5 ⑱ 49÷7＝7 ⑲ 12÷3＝4 ⑳ 4÷1＝4
㉑ 8÷2＝4 ㉒ 14÷2＝7 ㉓ 36÷9＝4 ㉔ 16÷2＝8
㉕ 32÷8＝4 ㉖ 2÷1＝2 ㉗ 25÷5＝5 ㉘ 4÷2＝2
㉙ 21÷3＝7 ㉚ 20÷4＝5 ㉛ 15÷3＝5 ㉜ 36÷4＝9
㉝ 4÷1＝4 ㉞ 24÷6＝4 ㉟ 42÷6＝7 ㊱ 48÷8＝6
㊲ 48÷6＝8 ㊳ 5÷1＝5 ㊴ 16÷2＝8 ㊵ 49÷7＝7
㊶ 18÷3＝6 ㊷ 6÷2＝3 ㊸ 7÷7＝1 ㊹ 63÷9＝7
㊺ 63÷9＝7 ㊻ 16÷2＝8 ㊼ 7÷7＝1 ㊽ 63÷7＝9
㊾ 42÷6＝7 ㊿ 1÷1＝1 ⑤ 28÷4＝7 ㉒ 63÷7＝9
㊲ 32÷8＝4 ㊴ 4÷8＝1 ㊵ 28÷4＝7 ㊶ 4÷4＝1
㊷ 1÷1＝1 ㊸ 21÷7＝3 ㊹ 18÷6＝3 ㊺ 28÷7＝4
㊻ 24÷8＝3 ㊼ 54÷6＝9 ㊽ 64÷8＝8 ㊾ 5÷1＝5
㊿ 40÷8＝5 ⑥ 64÷8＝8 ⑦ 24÷8＝3 ⑧ 56÷8＝7
⑨ 9÷9＝1 ⑩ 45÷9＝5 ⑪ 81÷9＝9 ⑫ 6÷6＝1
⑬ 72÷9＝8 ⑭ 16÷4＝4 ⑮ 20÷5＝4 ⑯ 63÷9＝7
⑰ 9÷1＝9 ⑱ 56÷7＝8 ⑲ 10÷2＝5

□間 ／81問

計算練習 (2) わり算

① 36÷6＝6 ② 30÷5＝6 ③ 24÷6＝4 ④ 40÷8＝5
⑤ 24÷4＝6 ⑥ 54÷9＝6 ⑦ 8÷4＝2 ⑧ 9÷1＝9
⑨ 4÷2＝2 ⑩ 24÷3＝8 ⑪ 6÷6＝1 ⑫ 16÷2＝8
⑬ 16÷8＝2 ⑭ 16÷4＝4 ⑮ 45÷5＝9 ⑯ 27÷3＝9
⑰ 5÷1＝5 ⑱ 1÷1＝1 ⑲ 42÷7＝6 ⑳ 20÷5＝4
㉑ 21÷7＝3 ㉒ 8÷2＝4 ㉓ 4÷4＝1 ㉔ 14÷7＝2
㉕ 5÷5＝1 ㉖ 35÷5＝7 ㉗ 81÷9＝9 ㉘ 14÷7＝2
㉙ 14÷2＝7 ㉚ 10÷2＝5 ㉛ 15÷5＝3 ㉜ 32÷4＝8
㉝ 5÷1＝5 ㉞ 8÷2＝4 ㉟ 63÷9＝7 ㊱ 7÷7＝1
㊲ 18÷6＝3 ㊳ 28÷7＝4 ㊴ 6÷1＝6 ㊵ 25÷5＝5
㊶ 18÷2＝9 ㊷ 32÷4＝8 ㊸ 3÷1＝3 ㊹ 9÷3＝3
㊺ 7÷1＝7 ㊻ 12÷2＝6 ㊼ 12÷3＝4 ㊽ 72÷9＝8
㊾ 42÷7＝6 ㊿ 56÷7＝8 ⑤ 30÷6＝5 ㉒ 4÷1＝4
㊲ 18÷9＝2 ㊴ 12÷6＝2 ㊵ 4÷2＝2 ㊶ 15÷3＝5
㊷ 10÷5＝2 ㊸ 6÷2＝3 ㊹ 27÷9＝3 ㊺ 24÷6＝4
㊻ 2÷1＝2 ㊼ 40÷5＝8 ㊽ 63÷7＝9 ㊾ 72÷9＝8
㊿ 35÷7＝5 ⑥ 12÷4＝3 ⑦ 9÷1＝9 ⑧
⑨ 28÷4＝7 ⑩ 8÷1＝8 ⑪ 45÷5＝9

□間 ／81問

P.72

計算練習（3）たし算とひき算の筆算

①63+878 = 941　②758+872 = 1630　③257+162 = 419　④476+19 = 495

⑤4285+2574 = 6859　⑥526+358 = 884　⑦198+409 = 607　⑧362+422 = 784

⑨765-231 = 534　⑩523-367 = 156　⑪405-158 = 247　⑫1000-351 = 649

⑬328-155 = 173　⑭7625-2753 = 4872　⑮652-161 = 491　⑯716-525 = 191

計算練習（4）たし算とひき算の筆算

①261+332 = 593　②239+227 = 466　③67+191 = 258　④725+199 = 924

⑤528+76 = 604　⑥659+595 = 1254　⑦8258+1395 = 9653　⑧49+296 = 345

⑨602-347 = 255　⑩823-5 = 818　⑪420-157 = 263　⑫2072-85 = 1987

⑬465-153 = 312　⑭308-196 = 112　⑮467-58 = 409　⑯1000-82 = 918

P.73

計算練習（5）あまりのあるわり算

① 16÷5=3あまり1　② 20÷3=6あまり2　③ 52÷8=6あまり4
④ 83÷9=9あまり2　⑤ 32÷7=4あまり4　⑥ 11÷2=5あまり1
⑦ 30÷4=7あまり2　⑧ 60÷8=7あまり4　⑨ 23÷5=4あまり3
⑩ 9÷2=4あまり1　⑪ 15÷6=2あまり3　⑫ 73÷8=9あまり1
⑬ 34÷5=6あまり4　⑭ 26÷8=3あまり2　⑮ 40÷9=4あまり4
⑯ 46÷9=5あまり1　⑰ 66÷7=9あまり3　⑱ 25÷4=6あまり1
⑲ 10÷7=1あまり3　⑳ 62÷9=6あまり8　㉑ 3÷2=1あまり1
㉒ 19÷2=9あまり1　㉓ 57÷6=9あまり3　㉔ 17÷7=2あまり3
㉕ 65÷8=8あまり1　㉖ 43÷5=8あまり3　㉗ 10÷3=3あまり1
㉘ 24÷7=3あまり3　㉙ 15÷4=3あまり3　㉚ 46÷7=6あまり4
㉛ 16÷5=3あまり1　㉜ 43÷8=5あまり3　㉝ 54÷7=7あまり5
㉞ 52÷9=5あまり7　㉟ 19÷7=2あまり5　㊱ 20÷6=3あまり2
㊲ 25÷7=3あまり4　㊳ 22÷8=2あまり6　㊴ 27÷5=5あまり2
㊵ 31÷6=5あまり1　㊶ 21÷4=5あまり1　㊷ 33÷4=8あまり1
㊸ 11÷3=3あまり2　㊹ 66÷9=7あまり3　㊺ 38÷9=4あまり2
㊻ 34÷8=4あまり2　㊼ 8÷3=2あまり2　㊽ 21÷2=...
㊾ 38÷9=4あまり2　㊿ 46÷7=6あまり4　50÷6=8あまり2
5÷3=1あまり2　54÷8=6あまり6　11÷4=2あまり3
19÷5=3あまり4　26÷2=... 　36÷7=5あまり1

計算練習（6）あまりのあるわり算

① 12÷5=2あまり2　② 16÷7=2あまり2　③ 10÷4=2あまり2
④ 32÷9=3あまり5　⑤ 26÷3=8あまり2　⑥ 29÷6=4あまり5
⑦ 5÷2=2あまり1　⑧ 45÷7=6あまり3　⑨ 48÷9=5あまり3
⑩ 28÷3=9あまり1　⑪ 23÷7=3あまり2　⑫ 57÷8=7あまり1
⑬ 12÷9=1あまり3　⑭ 10÷6=1あまり4　⑮ 14÷3=4あまり2
⑯ 7÷3=2あまり1　⑰ 18÷5=3あまり3　⑱ 37÷9=4あまり1
⑲ 41÷6=6あまり5　⑳ 67÷8=8あまり3　㉑ 70÷9=7あまり7
㉒ 65÷7=9あまり2　㉓ 29÷3=9あまり2　㉔ 31÷8=3あまり7
㉕ 13÷4=3あまり1　㉖ 52÷6=8あまり4　㉗ 7÷2=3あまり1
㉘ 56÷9=6あまり2　㉙ 40÷7=5あまり5　㉚ 31÷5=6あまり1
㉛ 23÷4=5あまり3　㉜ 17÷2=8あまり1　㉝ 32÷6=5あまり2
㉞ 50÷7=7あまり1　㉟ 13÷2=6あまり1　㊱ 26÷7=3あまり5
㊲ 59÷9=6あまり5　㊳ 29÷5=5あまり4　㊴ 18÷4=4あまり2
㊵ 14÷6=2あまり2　㊶ 52÷6=8あまり4　㊷ 42÷8=5あまり2
㊸ 58÷7=8あまり2　㊹ 65÷9=7あまり2　㊺ 38÷9=4あまり2
㊻ 61÷8=7あまり5　㊼ 65÷9=7あまり2　㊽ 38÷8=4あまり6
㊾ 45÷8=5あまり5　㊿ 11÷8=1あまり3　19÷3=6あまり1
17÷2=8あまり1　29÷7=4あまり1　58÷6=9あまり4
30÷7=4あまり2　44÷9=4あまり8　36÷5=7あまり1
22÷4=5あまり2　21÷6=3あまり3　61÷7=8あまり5

P.74

計算練習（7）1けたをかけるかけ算

①237×2 = 474　②367×2 = 734　③22×3 = 66　④67×6 = 402

⑤15×7 = 105　⑥180×5 = 900　⑦36×2 = 72　⑧504×3 = 1512

⑨48×5 = 240　⑩625×3 = 1875　⑪825×3 = 2475　⑫42×3 = 126

⑬192×7 = 1344　⑭306×7 = 2142　⑮53×4 = 212　⑯132×3 = 396

計算練習（8）1けたをかけるかけ算

①92×7 = 644　②314×6 = 1884　③78×8 = 624　④143×4 = 572

⑤223×3 = 669　⑥458×5 = 2290　⑦67×4 = 268　⑧14×8 = 112

⑨33×3 = 99　⑩45×2 = 90　⑪603×8 = 4824　⑫536×6 = 3216

⑬53×3 = 159　⑭123×4 = 492　⑮76×7 = 532　⑯230×4 = 920

P.75

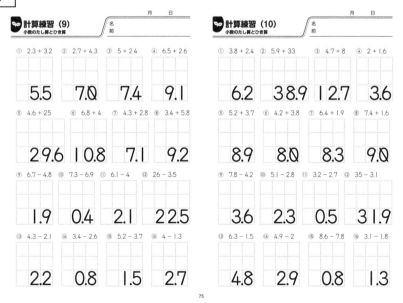

計算練習（9）小数のたし算とひき算

①2.3+3.2 = 5.5　②2.7+4.3 = 7.0　③5+2.4 = 7.4　④6.5+2.6 = 9.1

⑤4.6+25 = 29.6　⑥6.8+4 = 10.8　⑦4.3+2.8 = 7.1　⑧3.4+5.8 = 9.2

⑨6.7-4.8 = 1.9　⑩7.3-6.9 = 0.4　⑪6.1-4 = 2.1　⑫26-3.5 = 22.5

⑬4.3-2.1 = 2.2　⑭3.4-2.6 = 0.8　⑮5.2-3.7 = 1.5　⑯4-1.3 = 2.7

計算練習（10）小数のたし算とひき算

①3.8+2.4 = 6.2　②5.9+33 = 38.9　③4.7+8 = 12.7　④2+1.6 = 3.6

⑤5.2+3.7 = 8.9　⑥4.2+3.8 = 8.0　⑦6.4+1.9 = 8.3　⑧7.4+1.6 = 9.0

⑨7.8-4.2 = 3.6　⑩5.1-2.8 = 2.3　⑪3.2-2.7 = 0.5　⑫35-3.1 = 31.9

⑬6.3-1.5 = 4.8　⑭4.9-2 = 2.9　⑮8.6-7.8 = 0.8　⑯3.1-1.8 = 1.3

P.76

計算練習 (11) 分数のたし算とひき算　名前

① $\frac{1}{3} + \frac{2}{3} = 1$ 　　② $\frac{2}{8} + \frac{3}{8} = \frac{5}{8}$

③ $\frac{4}{6} + \frac{1}{6} = \frac{5}{6}$ 　　④ $\frac{1}{2} + \frac{1}{2} = 1$

⑤ $\frac{4}{9} + \frac{2}{9} = \frac{6}{9}$ 　　⑥ $\frac{2}{5} + \frac{2}{5} = \frac{4}{5}$

⑦ $\frac{1}{4} + \frac{2}{4} = \frac{3}{4}$ 　　⑧ $\frac{3}{7} + \frac{4}{7} = 1$

⑨ $\frac{4}{5} - \frac{1}{5} = \frac{3}{5}$ 　　⑩ $1 - \frac{2}{6} = \frac{4}{6}$

⑪ $1 - \frac{3}{8} = \frac{5}{8}$ 　　⑫ $\frac{8}{9} - \frac{6}{9} = \frac{2}{9}$

⑬ $\frac{4}{7} - \frac{2}{7} = \frac{2}{7}$ 　　⑭ $1 - \frac{1}{4} = \frac{3}{4}$

⑮ $\frac{2}{3} - \frac{1}{3} = \frac{1}{3}$

計算練習 (12) 分数のたし算とひき算　名前

① $\frac{5}{9} + \frac{3}{9} = \frac{8}{9}$ 　　② $\frac{3}{6} + \frac{1}{6} = \frac{4}{6}$

③ $\frac{3}{4} + \frac{1}{4} = 1$ 　　④ $\frac{3}{8} + \frac{3}{8} = \frac{6}{8}$

⑤ $\frac{1}{3} + \frac{1}{3} = \frac{2}{3}$ 　　⑥ $\frac{1}{7} + \frac{2}{7} = \frac{3}{7}$

⑦ $\frac{1}{5} + \frac{2}{5} = \frac{3}{5}$ 　　⑧ $\frac{2}{4} + \frac{2}{4} = 1$

⑨ $\frac{1}{2} - \frac{1}{2} = \frac{2}{2}$ 　　⑩ $\frac{7}{8} - \frac{3}{8} = \frac{4}{8}$

⑪ $\frac{5}{7} - \frac{3}{7} = \frac{2}{7}$ 　　⑫ $1 - \frac{2}{3} = \frac{1}{3}$

⑬ $\frac{2}{4} - \frac{1}{4} = \frac{1}{4}$ 　　⑭ $1 - \frac{2}{5} = \frac{3}{5}$

⑮ $\frac{4}{6} - \frac{3}{6} = \frac{1}{6}$ 　　⑯ $\frac{5}{9} - \frac{2}{9} = \frac{3}{9}$

P.77

計算練習 (13) 2けたをかけるかけ算　名前

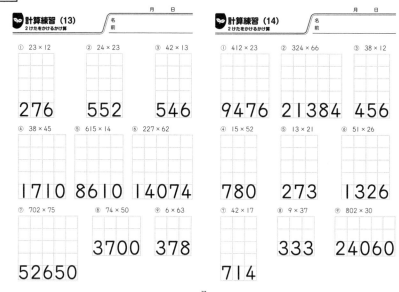

① 23 × 12 = 276 　② 24 × 23 = 552 　③ 42 × 13 = 546

④ 38 × 45 = 1710 　⑤ 615 × 14 = 8610 　⑥ 227 × 62 = 14074

⑦ 702 × 75 = 52650 　⑧ 74 × 50 = 3700 　⑨ 6 × 63 = 378

計算練習 (14) 2けたをかけるかけ算　名前

① 412 × 23 = 9476 　② 324 × 66 = 21384 　③ 38 × 12 = 456

④ 15 × 52 = 780 　⑤ 13 × 21 = 273 　⑥ 51 × 26 = 1326

⑦ 42 × 17 = 714 　⑧ 9 × 37 = 333 　⑨ 802 × 30 = 24060

P.78

3年のふくしゅう (1)　名前

① 下の数直線の，いちばん小さい1めもりの数と，⑦～⑦のめもりが表している数を書きましょう。

①
⑦ 66000　⑦ 78000
60000　70000　80000
1めもり 1000

⑦ 9200万　⑦ 1億
9000万　9500万
1めもり 100万

② 筆算でしましょう。

① 364 + 428 = 792 　② 128 + 572 = 700 　③ 439 + 266 = 705 　④ 5837 + 1692 = 7529

⑤ 872 - 265 = 607 　⑥ 627 - 389 = 238 　⑦ 401 - 163 = 238 　⑧ 8204 - 5687 = 2517

3年のふくしゅう (2)　名前

① 筆算でしましょう。

① 35 × 8 = 280 　② 73 × 6 = 438 　③ 538 × 4 = 2152 　④ 498 × 5 = 2490

⑤ 54 × 79 = 4266 　⑥ 296 × 87 = 25752 　⑦ 709 × 38 = 26942

② 220mL 入りのジュースを，8本買います。1本 76円です。

① 代金はいくらですか。
式 76 × 8 = 608 　答え 608円

② 全部で何 mL ですか。
式 220 × 8 = 1760 　答え 1760mL

P.79

3年のふくしゅう (3)　名前

① 計算をしましょう。

① 56 ÷ 7 = 8 　② 47 ÷ 5 = 9あまり2

③ 78 ÷ 9 = 8あまり6 　④ 63 ÷ 8 = 7あまり7

⑤ 28 ÷ 4 = 7 　⑥ 96 ÷ 3 = 32

あまりがあるときは，あまりも書くよ。

② ケーキが26こあります。1箱に3こずつ入れていきます。全部のケーキを入れるには，箱は何箱いりますか。
式 26 ÷ 3 = 8あまり2
8 + 1 = 9 　答え 9箱

③ バイが40あります。5人に同じ数ずつ分けると，1人分は何こになりますか。
式 40 ÷ 5 = 8 　答え 8こ

④ 紙コップを2こ使って，けん玉を作ります。紙コップは9こあります。けん玉は何こ作れますか。
式 9 ÷ 2 = 4あまり1 　答え 4こ

3年のふくしゅう (4)　名前

① 白，ピンク，むらさきのリボンがあります。白のリボンの長さは6cm，ピンクのリボンの長さは36cmです。

① 白のリボンの3倍の長さは何 cm ですか。
式 6 × 3 = 18 　答え 18cm

② ピンクのリボンの長さは，白のリボンの長さの何倍ですか。
式 36 ÷ 6 = 6 　答え 6倍

③ ピンクのリボンの長さは，むらさきのリボンの長さの4倍です。むらさきのリボンの長さは何 cm ですか。
式 36 ÷ 4 = 9 　答え 9cm

② ( ) にあてはまる数を書きましょう。

① 1 を 4 こと，0.1 を 5 こあわせた数は (4.5) です。

② 3.8L は，0.1L を (38) こ集めたかさです。

③ $\frac{4}{7}$ m は，$\frac{1}{7}$ m を (4) こ集めた長さです。

④ $\frac{1}{3}$ の 5 こ分は $\left(\frac{5}{3}\right)$ です。

P.80

3年のふくしゅう (5)　名前

① 色をぬったところの長さは，何mですか。分数で表しましょう。

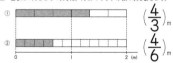

① $\left(\dfrac{4}{3}\right)$ m

② $\left(\dfrac{4}{6}\right)$ m

② □にあてはまる等号や不等号を書きましょう。

① $0.6 \boxed{<} \dfrac{8}{10}$ 　　② $0.4 \boxed{=} \dfrac{4}{10}$

③ $\dfrac{1}{10} \boxed{<} 1$ 　　④ $\dfrac{13}{10} \boxed{>} 0.3$

③ 計算をしましょう。

① $2.5 + 0.9 = 3.4$ 　　② $4.6 + 3.4 = 8$

③ $5.8 + 7 = 12.8$ 　　④ $12 + 8.2 = 20.2$

⑤ $6.3 - 2.8 = 3.5$ 　　⑥ $7 - 0.3 = 6.7$

⑦ $15 - 3.9 = 11.1$ 　　⑧ $\dfrac{3}{4} + \dfrac{1}{4} = 1$

⑨ $\dfrac{6}{7} - \dfrac{5}{7} = \dfrac{1}{7}$ 　　⑩ $1 - \dfrac{2}{10} = \dfrac{8}{10}$

3年のふくしゅう (6)　名前

● 次の円をかきましょう。

① 半径が3cm5mm

略

② 直径が8cm

略

P.81

3年のふくしゅう (7)　名前

● 次の三角形をかきましょう。

① 1辺の長さが4cmの正三角形

② 辺の長さが5cm，6cm，6cmの二等辺三角形

略　　略

③ 辺の長さが6cm5mm，6cm5mm，8cmの二等辺三角形

略

3年のふくしゅう (8)　名前

① ⑦と①は，どちらが長いですか。コンパスを使って，⑦の線を，①の直線にうつしとって調べましょう。

（ ① ）

⑦ ＿＿＿＿＿　略
①

② 下の図形を見て，答えましょう。

⑦ 円　　　正三角形　　二等辺三角形

① ①のような三角形を何といいますか。上の（ ）に書きましょう。

② あ，①の長さは，それぞれ何cmですか。

あ（ 9cm ）　①（ 7cm ）

③ ⑤の角と同じ大きさの角は，どれですか。

（ ＜ ）

P.82

3年のふくしゅう (9)　名前

① 右のように，箱に，直径8cmのボールがぴったり入っています。

① ボールは何こ入っていますか。

式 $2 \times 5 = 10$

答え　10こ

② 箱のたての長さと横の長さをもとめましょう。

式 たて $8 \times 2 = 16$

横 $8 \times 5 = 40$

答え　たて（16）cm，横（40）cm

② （ ）にあてはまる数を書きましょう。

① 80秒 ＝（ 1 ）分（ 20 ）秒

② 100分 ＝（ 1 ）時間（ 40 ）分

③ 3km80m ＝（ 3080 ）m

④ 1350m ＝（ 1 ）km（ 350 ）m

⑤ 2kg40g ＝（ 2040 ）g

⑥ 4600g ＝（ 4 ）kg（ 600 ）g

3年のふくしゅう (10)　名前

● はりのさしている重さを（ ）に書きましょう。

（ 350 ）g

（ 1 ）kg（ 700 ）g

（ 1700 ）g

② 重さ300gのかごに，1このおもさが125gのみかんを20こ入れます。全体の重さは，何kg何gですか。

式 $125 \times 20 = 2500$

$300 + 2500 = 2800$

$2800g = 2kg800g$

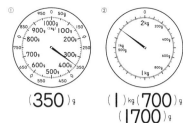

答え　2kg800g

P.83

3年のふくしゅう (11)　名前

① なおやさんの家から動物園まで50分かかります。

① 家を10時20分に出ると，動物園には何時何分に着きますか。

（ 11時10分 ）

② 動物園に10時15分に着くには，何時何分に家を出ればよいですか。

（ 9時25分 ）

② 右の地図を見て，答えましょう。

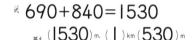

① 家から学校までのきょりは何mですか。

（ 1400 ）m

② 家から学校までの，道のりは何mですか。また，何km何mですか。

式 $690 + 840 = 1530$

答え（ 1530 ）m，（ 1 ）km（ 530 ）m

③ 家から学校までの，きょりと道のりのちがいは何mですか。

式 $1530 - 1400 = 130$

答え　130m

3年のふくしゅう (12)　名前

● 下の表は，3年2組で，すきなパンを調べてまとめたものです。

① この表を，ぼうグラフに表しましょう。

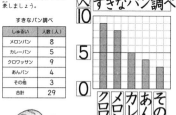

すきなパン調べ

しゅるい	人数さん（人）
メロンパン	8
カレーパン	5
クロワッサン	9
あんパン	4
その他	3
合計	29

すきなパン調べ

② すきな人数がいちばん多いパンは何ですか。

（ クロワッサン ）

③ メロンパンの人数は，カレーパンの人数より，何人多いですか。

（ 3人 ）

④ メロンパンの数は，あんパンの人数の何倍ですか。

（ 2倍 ）

教科書にそって 学べる

算数教科書プリント 3年 ②
東京書籍版

2023 年 3 月 1 日　　第 1 刷発行

イ ラ ス ト： 山口 亜耶 他
表紙イラスト： 鹿川 美佳
表紙デザイン： エガオデザイン
企 画・編 著： 原田 善造・あおい えむ・今井 はじめ・さくら りこ・中 あみ
　　　　　　　中 えみ・中田 こういち・なむら じゅん・はせ みう
　　　　　　　ほしの ひかり・堀越 じゅん・みやま りょう（他 4 名）
編 集 担 当： 川瀬 佳世

発 行 者： 岸本 なおこ
発 行 所： 喜楽研（わかる喜び学ぶ楽しさを創造する教育研究所：略称）
　　　　　　〒604-0827　京都府京都市中京区高倉通二条下ル瓦町 543-1
　　　　　　TEL　075-213-7701　FAX　075-213-7706
　　　　　　HP　https://www.kirakuken.co.jp
印 刷： 創栄図書印刷株式会社

ISBN:978-4-86277-378-4
Printed in Japan

喜楽研 WEB サイト
書籍の最新情報（正誤表含む）は
喜楽研 WEB サイトをご覧下さい。

学校現場では，本書ワークシートをコピー・印刷して児童に配布できます。
学習する児童の実態にあわせて，拡大してお使い下さい。